R.F.

Le Travail

8° R
18488

Le Travail

PAR

JULES LEBUY

Ancien élève de l'École Polytechnique
licencié en droit

« *La récompense naturelle du travail, c'est le produit du travail.* »

Adam Smith.

Prix : 1 fr.

PARIS
SOCIÉTÉ FRANÇAISE D'IMPRIMERIE ET DE LIBRAIRIE
15, rue de Cluny, 15

1903

Le Travail

PAR

Jules LEBUY

Ancien élève de l'École Polytechnique,
licencié en droit

« *La récompense naturelle du travail, c'est le produit du travail.* »

Adam Smith.

———— ✦ ————

Prix : 1 fr.

————— ➤|← —————

PARIS
SOCIÉTÉ FRANÇAISE D'IMPRIMERIE ET DE LIBRAIRIE
15, rue de Cluny, 15
—
1903

PRÉFACE

C'est une tâche ingrate que d'attaquer un préjugé solidement établi, et l'écrivain téméraire qui s'y hasarde ne rencontre point l'approbation du lecteur. Mais il n'est d'erreur si enracinée dont la vérité ne triomphe avec le temps. Lorsque Caton l'Ancien, le plus honnête homme de la République romaine, donnait comme précepte d'économie domestique qu'un père de famille diligent doit vendre l'esclave devenu vieux ou infirme, si un philosophe se fût dressé devant lui, et eût revendiqué pour l'esclave le droit à la liberté, il n'aurait excité que son dédain.

Aujourd'hui c'est nous qui méprisons la morale de Rome, mais nous n'avons fait que changer d'erreur.

L'esclavage a disparu dans les sociétés les plus éclairées ; mais l'exploitation de l'homme y a pris d'autres formes, et une prétendue science officielle a cherché à la légitimer. Malgré elle, l'émancipation du prolétariat a commencé au xixe siècle, par la lutte du travail contre le capital, dont on ne sait si elle produit dans le temps présent plus de bien par l'amélioration de la condition des ouvriers que de mal par les crises qui en sont la conséquence. Mais les résultats acquis appartiennent à l'avenir, et les ouvriers des siècles futurs pourront garder avec reconnaissance le souvenir de leurs obscurs libérateurs.

La victoire cependant n'est pas encore

complète et les adversaires sont toujours aux prises. Le prolétariat, qui a dû ses succès à l'arme de la coalition, voit aujourd'hui la coalition se tourner contre lui, et le capital en faire un usage redoutable. Assez longtemps a duré cette lutte, comparable au duel judiciaire du moyen âge ; il est temps de faire appel au droit et à la raison.

L'intérêt nous trompe aisément, comme un prisme à travers lequel nous regarderions la lumière, et nous sommes sourds à la voix de la Raison, quand elle nous demande le sacrifice de nos illusions. C'est pourquoi l'on ne se flatte point ici d'obtenir l'adhésion des chefs d'industrie, accoutumés à ne voir d'autre lien entre le capital et le travail que celui du maître et du serviteur. Pour résoudre ceux-là on compte sur le temps. Mais on s'adresse aux juges impartiaux, et à ceux dont le préjugé n'est fait que du vain bruit qui les environne. On écrit aussi pour les ouvriers, et, si on leur adresse quelques vérités sévères, ils sauront reconnaître l'intérêt qu'inspire leur cause.

CHAPITRE PREMIER

SOURCE DE LA RICHESSE

I

L'observation de la vie sociale révèle un phénomène digne d'attention : c'est que la prospérité générale qui a pris essor dans le XIXe siècle est parvenue à un maximum, ou du moins marque un temps d'arrêt dans son développement. Certes, l'histoire n'offre rien de plus merveilleux que la richesse de cette époque, où chaque jour arrache à la nature un secret que les arts utilisent pour étendre et embellir la vie, où les rêves les plus audacieux de la veille deviennent les réalités du lendemain. Ce brillant épanouissement est le fruit de la Révolution, qui a émancipé la pensée humaine, et appelé au bienfait de la liberté et de l'instruction les masses populaires, jadis vouées à l'ignorance et à la vie végétative. Mais il semble atteindre une mystérieuse limite. L'agriculture et l'industrie cessent de progresser en France ; la population elle-même devient stationnaire en même temps, comme si elle se trouvait dans un rapport nécessaire avec elles, de sorte que ces faits présentent, en apparence au moins, une vérification de la théorie de Malthus.

Les symptômes de cette stagnation se découvrent dans le mouvement des plus importantes productions de l'activité sociale, de celles qui donnent la vie aux masses profondes du peuple. L'agriculture, qui occupe encore la moitié des habitants de la France, avait vu son rendement plus que doublé au cours des deux derniers siècles. Tandis qu'à l'époque de Bois-Guillebert (1690), les meilleures terres de Normandie produisaient, en mesures d'aujourd'hui, environ neuf hectolitres de blé par hectare, le rendement moyen de toute la France s'est élevé progressivement jusqu'à quinze hectolitres ; la surface cultivée en blé a dépassé sept millions d'hectares. Or il suffit de consulter les statistiques pour voir que dans les dernières années du xixe siècle le rendement moyen ni la surface cultivée n'augmentent plus. Quant à la population qui se consacre à la culture, elle diminue par l'émigration dans les villes.

Là, du moins, l'industrie, par le sur-
croît de force qu'elle reçoit ainsi, et par
une autre cause que nous rencontrerons
dans un instant, a pris une ssor prodigieux. Les progrès trouvent une mesure
dans la quantité produite annuellement
de certaines matières importantes. En
première ligne on peut considérer le
charbon tiré de la terre ; l'industrie des
mines a commencé à prendre du développement vers 1830 ; on extrayait alors
un million et demi de tonnes de houille,
et la consommation de la France allait
à deux millions. Progressivement elle
s'est élevée jusqu'à plus de trente-six
millions ; et si l'on néglige les années
pendant lesquelles la préparation de
l'Exposition universelle de 1900 a amené
une consommation anormale, on trouve
qu'un maximum a été atteint, pendant

l'année 1890, aux environs de ce chiffre. Environ vingt-cinq millions de tonnes se tirent des charbonnages français; le surplus est demandé à l'importation de Belgique et d'Angleterre.

La production de la fonte de fer, qui avait suivi un mouvement parallèle, s'est arrêtée, vers 1882, à environ deux millions de tonnes. Elle a fléchi, de 1883 à 1887, de plus de quatre cent mille tonnes, pour se relever ensuite jusqu'en 1892, où elle a atteint de nouveau deux millions de tonnes, chiffre auquel elle paraît se maintenir. La proportion de cette fonte destinée à l'affinage a suivi une marche correspondante, et la production de l'acier a passé par un maximum vers 1892, avec sept cent mille tonnes environ.

L'industrie du coton, qui emploie cinq

millions de broches, est stationnaire depuis quinze ans. La laine a atteint trois millions trois cent mille broches en 1890, et se maintient à ce chiffre depuis cette époque. Les transports de marchandises par chemins de fer, indice si intéressant de la richesse publique, sont arrivés à leur maximum en 1891. Pendant les années suivantes, la diminution a été faible, à la vérité ; mais comme la longueur du réseau exploité n'a pas cessé de croître, on se trouve bien en présence d'une limite, et même d'un recul, que ne compense pas une augmentation des transports par les voies d'eau.

Cette stagnation générale, alors même qu'elle serait de peu de durée, et suivie bientôt d'un faible mouvement ascendant, reçoit sa véritable signification et portée du rapprochement qu'on en fait avec la puissance de la production et avec les besoins de la consommation. C'est ce qu'on veut tenter de mettre en relief par les considérations suivantes, en cherchant à pénétrer la nature de l'obstacle qui s'oppose au développement de la richesse générale, et à son infiltration dans les couches sociales inférieures.

II

Le nom de valeur convient à tout ce que la nature et le travail combinés, ou la nature seule, produisent d'utile à l'homme. Chacun de ces deux facteurs agit de mille manières. La nature fait germer les semences confiées à la terre, et ce phénomène a une telle prépondérance que les premiers économistes n'en virent pas d'autre dans son intervention. Cependant, aux temps de Quesnay et de Smith, le vent et la pesanteur de l'eau fournissaient toute la force employée à moudre le blé et à mouvoir les navires ; la chaleur avait de nombreuses applications dans les forges ; on savait utiliser les affinités chimiques dans la métallurgie et la teinture ; l'électricité était à peu près inconnue, mais l'aiguille magnétique guidait les navigateurs.

Ces dons de la nature sont d'importance inégale. La germination des plantes, qui n'est qu'une variété de l'affinité chimique, suffit, dans certains climats, à nourrir l'homme, dont le seul travail consiste à cueillir les fruits ; dans l'état de civilisation le plus avancé, elle est indispensable à cette nourriture, et tout le travail accumulé ne saurait produire, sans le concours de la germination, un seul gramme de substance alimentaire. Le travail contribue à la création des valeurs sous deux formes différentes : le travail actuel, et le travail emmagasiné dans d'autres valeurs, auxquelles on donne le nom de capital. Il n'est pas une parcelle de capital qui ne soit le résultat d'une combinaison du travail avec les forces de la nature. Ainsi le travail et la nature sont les deux véritables sources des valeurs, et cette observation nous met sur la voie de la cause principale du prodigieux accroissement de la richesse dans le cours du xıxᵉ siècle, laquelle n'est autre que l'invention d'utiliser la force élastique de la vapeur d'eau. Par cette découverte, en effet, le pouvoir du travail se trouve accru indéfiniment, comme par le levier d'Archimède était multiplié l'effort musculaire de l'homme.

La statistique a cherché à mesurer la puissance créée par cette invention. On a relevé en France six millions de chevaux-vapeur, représentant la force de quarante millions d'ouvriers. Mais ces chiffres ne donnent qu'une idée insuffisante du phénomène. Il y a, en effet, entre le travail des machines et celui de l'homme, plusieurs différences considérables. Tandis qu'un ouvrier ordinaire consomme sensiblement autant de valeur qu'il en produit, et ne fait bénéficier la société que d'une faible différence, la machine donne sa force, non pas tout à fait gratuitement, mais en échange d'un faible entretien et d'une minime consommation de charbon. Aussi cette énorme quantité de travail mécanique est obtenue au moyen d'un peu plus de cent mille ouvriers, employés à l'extraction du charbon, et d'autant à peu près occupés, comme mécaniciens et chauffeurs, à construire et diriger les machines.

Il n'y a pas moins de différence dans la qualité du travail obtenu. Bien que nous ayons comparé la puissance des machines à la force musculaire, c'est-à-dire à celle du simple manœuvre, la vérité est que la vapeur multiplie un travail perfectionné, elle met en œuvre la science de l'ingénieur et l'habileté de l'ouvrier, et donne des produits d'une régularité et d'une perfection que la main de l'homme ne saurait atteindre. A cet égard l'accroissement de travail dû à la vapeur défie toute évaluation.

On ne fait point ici de distinction entre le travail consacré aux transports et celui qui est affecté à d'autres emplois. Cependant les chemins de fer et la navigation (1) absorbent les cinq sixièmes de la force empruntée à la vapeur; il peut sembler à première vue qu'il y a illusion à considérer l'accroissement de la richesse publique comme proportionné à tout ce mouvement. Qu'on examine pour combien le prix des transports entre dans la valeur d'un objet quelconque, par exemple le pain que mange un habitant de Paris. Pour obtenir le blé avec lequel il a été fait, il a fallu transporter sur le champ les semences, puis du fumier de la ferme,

(1) Les machines de la marine militaire ne sont pas comprises dans ces chiffres.

ou de l'engrais artificiel venu de loin. Le blé étant moissonné, on l'a transporté dans la grange pour le battre, et de là, dans les magasins du spéculateur qui l'a acheté, pour le revendre au marchand de farine ; celui-ci l'a fait porter au moulin, et la farine a été conduite dans ses entrepôts. Enfin le boulanger a fait transporter la farine à son pétrin, et il ne reste plus qu'à défourner le pain et le transporter chez le consommateur.

L'introduction des chemins de fer a augmenté l'étendue dans laquelle un produit peut être consommé, sans changer le nombre des transports nécessaires pour le faire parvenir à un consommateur déterminé ; et comme elle a rendu le transport beaucoup moins coûteux, on peut dire que le rapport existant entre le travail de transport et le travail total du pays a diminué plutôt qu'augmenté par le fait des chemins de fer. C'est donc bien légitimement que nous mettons à l'actif de la richesse nationale la force mécanique dont nous avons parlé.

Une fois en possession de cet élément, le génie de l'homme a inventé pour l'utiliser d'innombrables machines opératrices, employées à tous les travaux, depuis l'agriculture jusqu'aux industries les plus perfectionnées. A ne considérer que ces chiffres, il semblerait que l'abondance de tous les biens dût régner sur la terre.

En fait, il suffit d'ouvrir les yeux pour constater de tous côtés les immenses résultats obtenus grâce à la vapeur. La transformation de Paris depuis cinquante ans est un des exemples les plus frappants. Il en coûte moins, au-jourd'hui, d'y amener par chemin de fer la belle pierre de Chantilly, qu'autrefois d'y voiturer la meulière de Clamart ; et, quand les matériaux 'sont à pied d'œuvre, c'est encore la vapeur qui les élève, les distribue à tous les étages, qui permet de mettre en place, pour ainsi dire sans effort, les blocs les plus pesants. Ainsi se sont élevés les beaux édifices qui occupent l'ouest de Paris, donnant l'impression de la richesse, avec l'élégance et la salubrité ; grâce à la vapeur et aux machines, chacune de ces maisons coûte moins d'efforts à l'homme que les anciennes et incom-modes habitations qu'elles remplacent. De pareils changements s'observent dans l'ameublement et le vêtement, au sein des villes où la population afflue.

Mais ces brillants résultats, pour satisfaisants qu'ils soient, ne peuvent nous empêcher de constater de douloureuses lacunes. Dans une partie encore nombreuse du peuple, les besoins les plus élémentaires ne reçoivent point satisfaction. Ce ne sont pas seulement des aliments précieux ou recherchés, comme le sucre, que l'on exporte sur les marchés étrangers, sans qu'ils puissent pénétrer dans la consommation des pauvres de France ; le blé lui-même, cet aliment national par excellence, fait défaut à beaucoup de familles ouvrières. Les bonnes étoffes de laine que l'on fabrique dans plusieurs départements n'entrent point dans le vêtement des femmes employées à leur confection ; des usines sont réduites à se fermer, au sein de populations mal vêtues et exposées aux rigueurs du froid. Tandis que l'usage des machines se répand de plus en plus, que le nombre des chevaux-vapeur disponibles augmente chaque année, on voit sur un grand nombre de points le rendement de cette force diminuer. On ne lui demande pas ce qu'elle peut donner, parce que les produits ne trouvent pas un écoulement suffisant. On a inventé le mot de surproduction ; et des crises douloureuses sont parfois la conséquence d'une activité imprévoyante. A la fin du XVIIe siècle, un dixième de la population environ était à l'état de mendicité. Aujourd'hui, c'est un seizième encore qui reçoit des secours de la charité officielle, par les bureaux de bienfaisance ; et, si l'on y ajoute les infortunes qui échappent à la statistique, on peut présumer que l'armée de la misère n'est, en proportion, pas beaucoup moindre qu'à cette époque de mauvaise administration.

Ces phénomènes tiennent à des causes diverses. La concurrence des nations étrangères restreint pour nous les marchés extérieurs, quelquefois nous les enlève. La patrie de Newton, de Watt, de Stephenson, disposant d'un sol fertile, riche en charbon de terre et en minerai de fer, tirant les matières premières de l'Inde, devait conquérir le premier rang dans l'industrie. Bien loin derrière elle, la France a occupé la seconde place ; les nations occidentales sont devenues les pourvoyeuses du monde entier. Mais enfin la science et l'industrie s'acclimatent partout ; les peuples autrefois tributaires de notre commerce s'en affranchissent peu à peu ;

quelques-uns, devenus nos rivaux, nous disputent les restes du marché étranger. La formation du nouvel empire d'Allemagne, le développement industriel et commercial qui a suivi sa fortune militaire ont contribué pour une large part à la stagnation à laquelle nous sommes parvenus.

Il semblerait qu'à défaut de l'exportation notre commerce intérieur dût se développer librement. Là, nous cherchons à nous protéger par les barrières de nos douanes, et nous ne laissons à l'étranger que ce qu'il nous convient. Mais d'autres causes ont fait que la puissance des machines est demeurée à peu près stérile pour une grande partie du peuple, et tout d'abord l'application qui en est faite.

Tandis que l'alimentation absorbe la

moitié ou le tiers de la dépense dans les classes moyennes, qu'elle atteint les deux tiers ou les trois quarts, ou même davantage, des salaires des manœuvres et des femmes employées dans l'industrie, la quantité de force motrice utilisée directement dans l'agriculture, source unique de l'alimentation, est inférieure à deux pour cent de la force totale due à la vapeur. Cependant, au cours du siècle la consommation moyenne de l'individu s'est accrue, la ration des soldats a été augmentée, l'usage de la viande s'est répandu. On a quelquefois considéré comme un indice de l'aisance des populations le rapport de la consommation de la viande à celle des autres aliments. La statistique établie pour les villes pourvues d'octrois révèle que le rapport le moins favorable est fourni par la ville de Roubaix, qui est cependant un centre de grande activité.

La proportion de force ,mécanique employée dans les industries. du vêtement est un peu inférieure à quatre pour cent de l'ensemble ; mais, pour avoir la notion du concours que la vapeur apporte à ces deux branches du travail, il faut considérer que les produits de l'agriculture ainsi que les matières premières des filatures et tissages sont une partie importante du fret des navires et du chargement des chemins de fer.

En ce qui concerne l'industrie de l'habitation, la statistique de la force mécanique est plus incertaine. On trouve cependant que deux pour cent environ sont affectés aux bâtiments et travaux. Mais comme l'application en est concentrée dans un petit nombre de grandes villes, on y observe des résultats surprenants. La transformation de Paris absorbe environ trente-cinq mille chevaux-vapeur.

Ainsi la moindre part des trésors contenus dans les mines de houille est appliquée à la satisfaction des besoins élémentaires de l'homme ; le reste est absorbé par des besoins nouveaux, surtout par le plus impérieux de tous à notre époque, celui de la sécurité commune. Les nombreux ateliers qui travaillent pour la guerre, les puissantes chaudières de la marine sont les gouffres où s'engloutit une grande part de cette richesse. Il convient cependant de remarquer que les dépenses considérables faites pour cet objet ont été, en France, depuis trente ans, le plus puissant régulateur qui ait corrigé les vices de la distribution ; la consommation de travail qui en est résultée a permis de maintenir les salaires, et de les augmenter, en même temps que la crainte de l'ennemi extérieur a maintenu la cohésion du peuple, comme jadis dans Rome la présence d'Annibal à ses portes.

Un autre obstacle à la diffusion de la richesse contenue dans les mines est venu de la loi qui en règle la propriété, et qui n'avait pas été faite en prévision de l'importance qu'elle a prise depuis soixante ans. La loi sur les mines de 1810 avait été conçue pour attirer le travail et les capitaux vers une tâche autrefois ingrate : par l'invention de la vapeur, elle s'est trouvée produire des conséquences inattendues. La nature a donné à tous les hommes la propriété du charbon contenu dans la terre ; le législateur en a fait le monopole de ceux qui se consacrent à l'extraire. La faible redevance du 5 o/o stipulée au profit de l'Etat n'était pas un prix suffisant pour l'aliénation à perpétuité de la propriété des mines. Mais ce n'est pas tout : la concession n'est point faite à l'ensemble des personnes attachées à la mine ; elle a pour effet de rendre propriétaires exclusifs du précieux minerai quelques hommes ayant possédé les faibles capitaux nécessaires pour commencer l'exploitation. Ceux-ci ont partagé avec leurs ouvriers suivant leur bon plaisir, et, se conformant à une tradition dont on verra plus loin la portée, ont adopté, pour la rémunération du travail, le « cours des salaires ». Pendant longtemps les travailleurs de la mine n'ont eu aucun avantage sur ceux de l'agriculture ou des autres industries. Ce n'est que dans la suite, lorsque le droit de coalition eut été institué, qu'ils parvinrent peu à peu à arracher à leurs patrons leur part de monopole, et à se faire dans le prolétariat une situation privilégiée. Les salaires des mines sont aujourd'hui le double de ceux de l'agriculture, et cependant toute la sollicitude des pouvoirs publics est concentrée sur le sort des ouvriers mineurs. C'est que le bruit de la lutte qu'ils ont soutenue a fixé sur eux l'attention ; l'injustice qu'ils subissaient de la part de leurs maîtres a fait perdre de vue qu'ils aspiraient à partager un privilège.

Concurrence étrangère, monopoles indigènes sont les petites causes ; il est temps de voir la raison dominante pour laquelle les trésors dispensés gratuitement par la nature pénètrent difficilement dans le patrimoine particulier des individus.

CHAPITRE II

I

Sous le nom de travail on comprend à la fois la méditation d'un Archimède ou d'un Newton, et l'effort musculaire de l'humble manœuvre employé à déplacer un fardeau. La nature met entre les hommes une profonde inégalité. De même qu'elle fait croître, au gré de son caprice, le chêne de nos forêts et la fougère qui rampe à ses pieds, de même elle dépose dans le cerveau de l'homme, quand il lui plaît, le génie créateur, ou l'esprit d'obéissance et d'imitation, à l'aide desquels elle conduit l'humanité à ses fins.

L'inégalité naturelle est la base de la division du travail, par laquelle sa puissance est multipliée à l'infini. Grâce à la division du travail, quelques hommes, affranchis de l'obligation de pourvoir à leurs premiers besoins, peuvent se vouer à l'étude et devenir les guides de leurs semblables. C'est à elle que nous devons les trésors accumulés par les siècles, et transmis d'une génération à l'autre. Mais, si cette variété de l'esprit humain, cette hiérarchie dans les facultés est la source

de la civilisation et du progrès, il faut,
pour qu'elle porte ses fruits, que chaque individu soit mis à sa place, c'est-
à-dire dans l'emploi pour lequel la nature l'a fait.

Or il en est rarement ainsi. A l'intérêt général viennent s'opposer les intérêts particuliers de l'individu, de la
famille, d'une caste ou d'une classe.
Par orgueil, ambition, cupidité, chacun
veut remplir non pas l'office auquel il est
apte, non pas celui dans lequel il serait
utile, mais le plus avantageux pour lui-
même, le plus honorable pour les siens,
le plus conforme aux traditions de la
classe sociale où il est né. Et les défen-
seurs naturels des intérêts communs,
c'est-à-dire les détenteurs de l'autorité
publique et de là loi, qui ont à tenir
compte de ces causes diverses en ce

qu'elles ont de légitime, de ces ten-
dances particulières en ce qu'elles ont
de conforme à la nature humaine, sont
portés à leur faire une part excessive au
détriment des générations futures. Dans
l'appréciation du mérite et de la valeur,
ils tiennent aisément la balance inégale
entre le brillant héritage qui s'impose
au regard, et le génie inconnu dont il
faut découvrir et féconder le germe au
fond des masses populaires. Pendant de
longs siècles, les institutions et les
mœurs des peuples étaient propres à
stériliser l'esprit humain ; pâle et trem-
blante, la flamme sacrée de la raison
s'éteignait dans les ténèbres de la ser-
vitude. Elle devait se rallumer au souffle
de la liberté, pour jeter sur le xixe siècle
des lueurs éclatantes. Nous sommes
dans le cours d'une évolution qui a pour

terme une nouvelle hiérarchie sociale, dans laquelle l'hérédité aura reculé, pour laisser plus de place à la personnalité ; où, en face de l'antique groupement familial, fondé sur le lien du sang, grandiront des associations basées sur l'intérêt, qui n'auront pas moins de cohésion.

Il est une vieille association qui, dans le cours des siècles, a souvent abrité la violence et l'injustice : c'est celle du capital et du travail en vue de la production. L'homme qui ne possède rien est à la merci du maître qui pourvoit à ses premiers besoins ; celui-ci est porté à abuser de son avantage pour se faire une part léonine dans le produit commun. Mais par une loi économique admirable, l'injustice retombe sur ses auteurs : si, en effet, l'ouvrier est pour son propre patron un copartageant, pour tous les autres il est un client, d'autant plus utile qu'il est plus riche, et, quand il ne reçoit pas sa part légitime dans le produit de l'association, la consommation devient insuffisante, la production est obligée de se borner. Mais quelle est cette part légitime ?

Un axiome fondamental éclaire cette question : « La récompense naturelle, ou le salaire du travail, a dit Adam Smith, c'est le produit du travail. » Or, lorsque plusieurs ont collaboré au produit, avec des facultés et des ressources différentes, comment doit-il être partagé ? Bien des formules ont été données par les faiseurs de systèmes. « A chacun suivant sa peine » ; « à chacun suivant ses besoins. » Les plus aveugles rêvent un partage égal. Or, que demande la conscience humaine ? C'est que chacun soit à sa place, et obtienne du produit commun, de la valeur créée, la part qui est le résultat de sa collaboration, de ses efforts.

Voici un habile tourneur qui fait une vis micrométrique permettant de mesurer des centièmes de millimètre, et un manœuvre dont la fonction consiste à mettre du charbon dans le foyer de la machine motrice : l'inégalité de leur salaire a-t-elle quelque chose de choquant ? Et cet ouvrier, dont l'adresse est un capital trop méconnu, doit-il prétendre au même traitement que l'ingénieur qui a donné le modèle du tour dont il se sert, ou les éléments de l'acier dont son outil est formé ? Cet ingénieur à son tour, qui fait de la science des applications utiles et honorables, est-il l'égal des hommes qui agrandissent le domaine de l'esprit humain en se consacrant à l'étude désintéressée ? Il pourra recevoir un salaire matériel plus élevé ; mais la société sait trouver des récompenses montrant qu'elle sent l'inégalité que la nature a mise entre eux.

On a remarqué que l'inégalité naturelle a une tendance à s'atténuer dans les sociétés civilisées. La raison en a échappé aux auteurs qui ont écrit sur ce sujet ; cependant elle n'a rien de mystérieux. Les conquêtes de l'esprit humain sur le domaine caché de la nature, les découvertes de la science entrent dans le patrimoine commun. De même que le soleil luit pour tous, pour tous également sont asservies la vapeur et l'électricité, sont inventées chaque jour mille ingénieuses machines. Dans

le rapport qui existe entre le bien du
riche et celui du pauvre, les deux termes
augmentent avec le progrès des arts, et
par une loi mathématique, le rapport
se rapproche de l'unité.

II

La récompense naturelle du travail
est le produit du travail. Ceux qui ont
fait un ouvrage en commun ont sur lui
des droits proportionnels à leurs travaux. La mesure en est difficile ; mais la
somme de ces droits est la valeur de
l'ouvrage. Dans le travail fourni par un
ou plusieurs d'entre eux se trouve le
capital, qui n'est, comme il a été dit,
qu'une accumulation de travaux anté-
rieurs.

Si une partie des travailleurs traite

à forfait avec les autres pour un salaire fixé d'avance, parce que ce mode de rétribution leur est plus commode, ou même indispensable, le contrat n'est légitime, comme tous les contrats, que s'il est fait de bonne foi, de part et d'autre, si aucune partie n'est lésée, c'est-à-dire si la part escomptée aux ouvriers qui ne peuvent attendre est sensiblement égale à celle qui devrait leur revenir dans un partage ultérieur, si le prix du service rendu ainsi aux ouvriers est du même ordre que celui qu'exigerait un banquier pour une opération d'escompte. S'il s'en écarte sensiblement, il y a usure ; s'il le dépasse de la moitié du salaire naturel, il y a une spoliation semblable à celle que la loi appelle « lésion d'outre-moitié », et qui donne l'action en rescision des con trats. Des propositions si simples, qui offrent, lorsqu'on y réfléchit, le caractère de l'évidence, passent cependant encore pour dangereuses et subversives aux yeux d'un grand nombre d'hommes modérés.

Dans une grande partie du public les esprits sont encore imbus de la théorie spécieuse, suivant laquelle le travail est une marchandise, et son prix s'établit comme celui de toutes les autres, d'après le rapport de l'offre à la demande. Cette idée nous vient de la pratique ancienne de l'esclavage, faisant de l'homme lui-même un objet de commerce, dont la valeur se débattait au marché. Elle est devenue la loi du prolétariat moderne, dont la destinée a été peinte par les économistes du xix siècle sous des couleurs qui auraient dû les

faire douter du principe qu'ils procla-
maient. Rossi a enseigné, avec une élo-
quence digne d'une thèse plus juste, que
cette classe ne pouvait obtenir jamais
qu'un salaire strictement suffisant pour
entretenir la vie ; que si les capitalistes,
pris d'une généreuse pitié, venaient à
lui abandonner une partie de leurs profits, ce désintéressement ne servirait
qu'à augmenter le nombre de la multi-
tude condamnée à travailler pour enrichir ses maîtres. C'est la fameuse « loi
d'airain » avec laquelle les orateurs de
la bourgeoisie chatouillaient agréable-
ment la conscience des classes privilégiées, et permettaient à un petit nombre
de capitalistes de s'enrichir sans scru-
pules, en s'apitoyant sur la misère du
prolétariat.

Cette prétendue fatalité s'est évanouie

à la lumière du siècle. En même temps
que le travail trouvait de nouvelles et
nombreuses applications, on a vu les
ouvriers obtenir une part de plus en
plus grande du produit ; et, bien loin
que le relèvement des salaires ait amené
un accroissement inconsidéré de la
population, c'est le phénomène contraire qui s'est produit : on a vu partout
l'aisance suivie d'une diminution de la
natalité.

III

Par le progrès de l'idée de justice, le
principe d'Adam Smith pénètre peu à
peu dans les mœurs, et devient la base
des contrats du capital et du travail,
en attendant qu'il s'inscrive explicite-
ment dans la loi. Le phénomène se

manifeste par l'amélioration matérielle et morale de la condition des ouvriers, et par les formes nouvelles que revêt parfois l'ancienne association. Une des plus intéressantes parmi ces innovations est la participation des ouvriers aux bénéfices. Sans être applicable dans tous les cas, elle est susceptible d'une large extension, et concourt puissamment au relèvement moral du prolétariat.

Des chefs d'industrie de plus en plus nombreux admettent leurs ouvriers au partage des bénéfices, et en sont dédommagés par l'essor que prennent leurs affaires quand leur personnel s'y voit intéressé. Ordinairement la participation apparaît comme une libéralité du patron, dont il détermine seul le taux, sans que les ouvriers soient admis à le discuter ; parfois aussi c'est une grati-

fication que le patron accorde spontané-
ment, après examen de son bilan, et sans
s'y être obligé à l'avance. L'idée que ce
partage puisse être un droit pour les
ouvriers a été combattue par de nombreux industriels et par des écrivains;
on lui a opposé des arguments spécieux
qu'il est utile de réfuter ici.

Ecartons d'abord celui qu'un écrivain (1) oppose à une catégorie nombreuse d'ouvriers, ceux de la grande
industrie, en disant que le bénéfice est
réalisé non point par la production elle-
même, mais seulement par la vente, à
laquelle ils n'interviennent pas. Si ce
raisonnement était juste, il faudrait ex-
clure des bénéfices les actionnaires et
les commanditaires, qui ne s'emploient

(1) M. Maurice Block.

ni à la vente ni à la production ; le capital représenté par l'usine devrait aussi recevoir un profit différent de celui qui est employé dans la maison de vente. Mais en réalité la vente n'est que le terme de l'entreprise en vue de laquelle capital et travail sont associés.

Un argument plus spécieux, et qui a rencontré plus de faveur, consiste à dire : « Dans toute entreprise, il y a « des risques à courir ; le capital peut « se perdre ; or l'ouvrier, n'ayant pas « engagé de capital, ne court pas de « risque ; par conséquent il n'a droit à « aucun bénéfice. » Cette affirmation audacieuse a passé longtemps pour une démonstration suffisante. Le raisonnement s'appliquerait mal au personnel de ces mines de houille, où, chaque année, quelques ouvriers trouvent la mort, et un plus grand nombre usent leur force et leur santé dans une atmosphère débilitante. Il est peu d'industrie où les ouvriers ne soient exposés à des accidents, ou à des émanations délétères, ou à une chaleur excessive. Ils risquent donc parfois leur vie, et très souvent ils ont la certitude de l'abréger.

On dira que c'est déplacer la question, et que l'ouvrier ne risque point de capital ; mais l'habileté acquise dans un apprentissage de plusieurs années, puis dans l'exercice prolongé d'une profession, est un capital, au même titre que le savoir d'un ingénieur, d'un médecin, d'un avocat, d'un professeur. Ce capital se consomme pendant les belles années, et doit être converti en moyens d'existence pour la vieillesse. Le temps qui est donné à l'ouvrier pour le mettre à profit est court ; dans toute entreprise il en expose une partie proportionnée à la durée. N'est-ce pas là un risque aussi important, aussi digne d'intérêt que celui de l'entrepreneur ou de l'actionnaire ?

Et quand il serait vrai que l'ouvrier ne court aucun risque, il n'en résulterait nullement qu'il n'a aucun droit sur la valeur du produit obtenu à l'aide de son travail ; autrement il faudrait effacer du code civil les articles, relatifs à l'association, d'après lesquels il peut être stipulé une part dans les bénéfices en faveur de l'associé n'apportant que son industrie. Il arrive même que l'associé sans capital exige la plus grande part des bénéfices, par exemple si c'est un inventeur qui prend des comman-

ditaires pour exploiter sa découverte.
Ceux-ci se contentent de l'intérêt normal
de leur argent, augmenté d'une prime
d'assurance proportionnée aux risques
de la commune entreprise. Le risque
de l'ouvrier est de la même nature que
celui de l'inventeur. L'un et l'autre apportent du travail, transforment en capital industriel une richesse naturelle qui
est la vie humaine. Cet élément avait sa
mesure, son cours sur le marché, quand
le travail était fait par des esclaves. A
Rome, un artiste ou un savant se
payait plus cher qu'un manœuvre.

Après les objections au principe
même de la participation, il en a été
élevé d'autres, basées sur les difficultés
que son application peut rencontrer.
A ce point de vue, il faut reconnaître
qu'elle est à son début, que son déve-

loppement semble encore éloigné, qu'il est lié au progrès de la condition morale des ouvriers. Mais il est un argument qui doit être réfuté.

Il consiste en ce que la participation entraîne le droit pour les ouvriers de connaître les comptes des patrons, et de s'assurer qu'ils ont bien reçu la part convenue. On trouve là une trop grande atteinte à l'autorité, à l'indépendance du patron, en même temps qu'un danger, car souvent le chef d'industrie a intérêt à tenir secret l'état de ses affaires. Or il en est des « comptes des patrons » comme des bénéfices des patrons. Ce sont en réalité les comptes des patrons et des ouvriers ; en principe on ne peut légitimement les leur cacher. Il est évident qu'un simple manœuvre, employé dans la grande industrie, s'il est de

ceux qui ne travaillent que par inter-
mittence et sous l'aiguillon du besoin,
pourra ne pas être en état de compren-
dre la comptabilité de l'usine, et que la
prétention d'en recevoir personnelle-
ment communication ne serait pas re-
cevable de sa part. Cependant s'il a
travaillé ne fût-ce qu'un jour à l'œuvre
commune, il possède un droit, si minime qu'on le conçoive, sur le produit.
Il appartient au chef de l'entreprise
d'en prévoir l'exercice; la loi doit à
l'ouvrier son recours et sa sanction. Et
c'est parce que la loi est muette que
l'on voit, dans les conflits du capital et
du travail, les ouvriers se tourner tantôt vers le pouvoir exécutif, tantôt vers
le parlement, pour leur demander soit
une intervention officieuse, soit une
disposition nouvelle. Pendant la grève

des mineurs en 1902, on vit un instant la Chambre des députés, transformée en cour de justice, écouter les comptes de l'industrie minière, présentés d'une manière fantaisiste par un député ouvrier et un député patron, sans mandat régulier, et soumis à une assemblée incompétente. Il apparut alors que si cette discussion avait pu avoir lieu devant des juges ou des arbitres désignés par la loi, éclairés sur les charges et les profits de l'industrie des mines, armés d'un texte permettant d'en faire d'office la distribution, de graves désordres eussent été évités.

Une autre objection est née de ce fait que beaucoup d'entreprises, et des plus importantes, ne donnent de bénéfices qu'à un terme éloigné. Les ouvriers qui y travaillent au début n'en voient pas toujours l'achèvement, ou n'y sont plus attachés lorsqu'il se produit. Cependant, lorsque les bénéfices, si lointains qu'ils fussent, viennent à se réaliser, ils appartiennent légitimement à tous ceux qui y ont contribué. L'humble terrassier qui avait consacré plusieurs années de sa vie à creuser le canal de Suez avait des droits aussi certains aux bénéfices de cette belle entreprise que tel actionnaire y ayant placé des fonds. La difficulté qu'il peut y avoir à déterminer ces droits, à les faire entrer dans une formule, n'est pas une objection à leur existence, non plus que la comparaison qu'on peut faire entre cette entreprise et celle du percement de l'isthme de Panama, dans laquelle les actionnaires ont perdu leurs fonds, tandis que les ouvriers ont reçu leur salaire.

L'ouvrier n'ayant que son industrie ne peut pas perdre de capital ; mais il peut en produire, et n'en produit pas sans y avoir un droit. Dans cette même aventure de Panama, beaucoup d'ouvriers sont morts, d'autres ont perdu avec la force et la santé leurs moyens d'existence, et ont été plus malheureux que les actionnaires.

Il faut aller au-devant d'une autre objection, en constatant qu'une fois admis le principe de la participation aux bénéfices, on est conduit à concéder aux ouvriers une part d'influence dans la direction. Si, en effet, les bénéfices éventuels sont dans une certaine mesure leur propriété, il est juste qu'ils puissent y coopérer par leur intelligence en même temps que par leurs bras.

Le préjugé contraire est bien puissant. L'esprit créateur, dit-on, peut-il être soumis à l'instrument dont il est obligé de se servir ?

Il est vrai que le droit à la direction ne vient pas de la même cause que le droit à la participation, et n'est pas aussi général : ce dernier naît de l'exécution du travail, pour laquelle l'ouvrier est nécessaire, tandis que la conception peut se faire sans lui, encore que très fréquemment il y contribue. Dans la pratique ordinaire, souvent un contre-maître, qui n'a qu'un salaire fixe à la journée, est le véritable chef d'un atelier, ou d'une manufacture, dont le propriétaire se réserve seulement la gestion commerciale. Ce contre-maître, à son tour, trouve parmi les ouvriers des collaborateurs dont il utilise l'expérience ou l'ingéniosité. Ces hommes, qui exercent une action un peu occulte, mais très effective, sur l'entreprise à laquelle ils sont attachés, n'ont-ils pas plus de droit à la délibération qu'un actionnaire, qui peut ignorer l'usage fait de son argent ?

Si la locomotive la plus parfaite eût été conçue telle qu'elle est aujourd'hui dans le cerveau d'un Watt ou d'un Stephenson, et qu'il eût possédé à lui seul des capitaux suffisants pour la faire construire, je réclamerais encore pour les ouvriers, qui auraient été ses collaborateurs obligés, une part dans les bénéfices, et peut-être dans la direction de l'entreprise.

Cependant l'ancienne tradition qui fait du travail une marchandise, dont le cours doit se régler par le rapport de l'offre à la demande, est si invétérée que les ouvriers eux-mêmes n'en sentent pas le défaut ; ils admettent ordinairement, avec le public, que, sur chaque place, le prix de la main-d'œuvre doit être le même dans les entreprises qui produisent des bénéfices et dans celles qui n'en donnent aucun. L'acceptation de cette théorie par les premiers intéressés a fait sa principale force, et cette soumission traditionnelle des ouvriers n'a pas d'autre cause que l'impérieuse nécessité où ils ont été, dans le passé, de se contenter de leur subsistance pour l'obtenir. Il a fallu, pour que la raison reprît ses droits, qu'avec le temps et l'accumulation des capitaux, cette fausse conception reçût le démenti des faits. C'est la force des choses qui triomphe de l'erreur. Si l'un des facteurs de la production doit être soumis à la loi de l'offre et de la demande, ce n'est pas le travail, mais le capital, qui, lui, est bien une marchandise. Et c'est en effet ce qui a lieu de plus en plus. Dans les grandes entreprises qui font appel aux capitaux du public, le taux des profits tend à s'uniformiser, grâce à leur mobilité, non pas seulement sur chaque place, mais sur un marché plus étendu qui s'étend à toute la France et à l'étranger. Les différences qu'on relève, entre les dividendes et leur taux normal, représentent les primes d'assurance payées aux capitaux pour les risques auxquels ils sont exposés. Les bénéfices vont au travail sous ses différentes formes, au travail de conception, d'organisation, de direction ; la moindre part descend jusqu'aux manœuvres qui fournissent la force de leurs bras. Peu à peu le cours des salaires tend à disparaître, pour faire place au cours des capitaux.

IV

Quels qu'aient été les progrès de la participation contractuelle, c'est par un autre moyen que les masses ouvrières ont obtenu leur part dans le produit du travail : elles l'ont arraché de haute lutte, par la coalition et la grève. Cette guerre économique, qui a rempli en France la seconde moitié du XIXe siècle, n'est pas terminée ; mais déjà la victoire du prolétariat est assurée ; et l'on peut prévoir que, bientôt, la loi, abolissant ce duel judiciaire des temps modernes, tracera définitivement les règles de l'association du travail et du capital, comme ont été fixées déjà les bases de l'association des capitaux seuls. Ce sera la conséquence tardive, mais directe et nécessaire, de l'égalité civile introduite par la Révolution française.

Le plus grand obstacle que rencontrait le prolétariat étant cette prétendue « loi d'airain », les ouvriers eurent de bonne heure la pensée de se coaliser pour restreindre l'offre de leur travail, et d'en augmenter la valeur par un chômage vo lontaire. Or, l'interdiction des coalitions était regardée autrefois, non sans raison, comme un principe de saine politique, et une garantie nécessaire de l'ordre public. Le maintien de l'ordre exige en effet impérieusement que toute force organisée soit dans la main de l'autorité légitime, qu'il ne puisse se former au sein de la société une force collective indépendante, capable de faire échec aux pouvoirs publics. L'Assemblée constituante de 1789, la Convention nationale interdirent sévèrement les coalitions ; après elles, le gouvernement consulaire, l'Empire, la Restauration conservèrent les précautions inscrites dans l'article 414 du Code pénal. Mais lorsque, par le progrès des idées, les rapports du capital et du travail apparurent sous un nouveau jour, les juges cessèrent peu à peu d'en appliquer les prescriptions.

L'exemple vint de l'Angleterre, qui dès 1824 avait autorisé les coalitions d'ouvriers. Sous la seconde République, une proposition fut présentée à l'Assemblée législative en vue d'introduire en France la même tolérance. C'était en 1849. Frédéric Bastiat, Sainte-Beuve prirent part à la discussion, parlèrent en faveur du droit de coalition, et plaidèrent l'innocuité des grèves pacifiques ; mais tous deux s'inclinèrent devant le sophisme qui fait du travail et de l'ouvrier une marchandise, dont la valeur dépend uniquement du rapport entre l'offre et la demande. L'Assemblée avait présents à la mémoire des désordres encore récents, et le droit de coalition fut repoussé au nom de la politique. Sur les conclusions du rapporteur Vatimesnil, les articles 414 à 416 du Code pénal furent modifiés en conservant toute leur portée répressive (1).

(1) Art. 414. — Sera punie d'un emprisonnement de six jours à trois mois, et d'une amende de 16 fr. à 3.000 fr. : 1° toute coalition entre ceux qui font travailler des ouvriers tendant à forcer l'abaissement des salaires, s'il y a eu tentative ou commencement d'exécution ; 2° toute coalition de la part des ouvriers pour faire cesser en même temps de travailler, inter-

Mais l'opinion publique et les tribunaux continuèrent à absoudre les délits
de grève. Le second Empire, s'appuyant
sur le suffrage universel, eut à ménager
les ouvriers. Ce fut l'époque du triomphe des économistes et de l'essai du libre
échange. Le marché français ouvert aux
productions étrangères, les salaires
fléchirent, et l'on vit une recrudescence
de la lutte entre le capital et le travail.

dire le travail dans un atelier, empêcher de s'y
rendre avant ou après certaines heures; et en
général pour suspendre, empêcher, enchérir les
travaux, s'il y a eu tentative ou commencement
d'exécution.

Dans les cas prévus par les deux paragraphes
précédents, les chefs ou moteurs seront punis
d'un emprisonnement de deux à cinq ans.

Art. 415. — Seront aussi punis des peines
portées dans l'article précédent, et d'après les
mêmes distinctions, les directeurs d'ateliers ou
entrepreneurs d'ouvrage, et les ouvriers qui,
de concert, auront prononcé des amendes
autres que celles qui ont pour objet la disci-

Les grèves se multiplièrent ; les poursuites auxquelles elles donnaient lieu se terminaient le plus souvent par des acquittements, et quand les tribunaux ne pouvaient se dispenser de condamner, le gouvernement graciait sous la pression de l'opinion. Quinze ans après le vote de la loi Vatimesnil, le droit de coalition fut de nouveau réclamé au Parlement, et cette fois proclamé. La discussion qui eut lieu à cette occasion

pline intérieure de l'atelier, des défenses, des interdictions, ou toutes proscriptions, sous le nom de damnation ou sous quelque qualification que ce puisse être, soit de la part des directeurs d'ateliers ou entrepreneurs contre les ouvriers, soit de la part de ceux-ci contre les directeurs d'ateliers ou entrepreneurs, soit les uns contre les autres.

Art. 416. — Dans les cas prévus par les articles précédents, les chefs ou moteurs pourront, après l'expiration de leur peine, être mis sous la surveillance de la haute police pendant deux ans au moins et cinq ans au plus.

permet de mesurer le chemin parcouru
et le progrès des esprits dans cet intervalle, malgré l'éclipse de la liberté politique. Il n'y est plus question de la « loi
d'airain », et l'on y trouve l'exacte définition du salaire (1). Le parti libéral a
le sentiment qu'on fait une loi provisoire ;
qu'on entre dans une voie nouvelle, où
le but est encore éloigné. La participation aux bénéfices s'y trouve exposée et
annoncée comme le véritable contrat du
capital et du travail. C'est encore dans
cette discussion que fut abandonnée la
qualification de « maître » donnée jus-
que-là au chef d'industrie. La loi ne fut
pour ainsi dire pas combattue au nom
des principes de gouvernement. Le
droit de réunion n'existait pas alors, et

(1) Par M. Emile Ollivier.

beaucoup de députés virent dans l'interdiction des réunions et des associations un palliatif contre le péril nouveau qu'allait faire courir à l'ordre public le droit de coalition.

Les ouvriers armés de la grève, c'est-à-dire du droit de s'imposer à eux-mêmes les plus dures privations, en menaçant de la ruine leurs patrons, commencèrent une lutte qui depuis quarante ans leur a procuré le relèvement général et progressif des salaires. Ils obtiennent, souvent, par ce moyen leur part légitime dans le produit commun ; ils peuvent même arracher davantage, quand le chef d'industrie préfère à un chômage ruineux la perte momentanée de ses profits. Epiant la marche des affaires et la formation des bénéfices qu'on leur cache, ils sont naturellement disposés à se les exagérer, et toujours prêts à réclamer leur part sous la forme d'une augmentation de salaire journalier. Ainsi, par la force des choses, le salaire perd sa fixité, et suit la marche des profits ou dividendes. Par là se trouve réalisée en fait la participation, mais une participation faussée, arbitraire, que le capital ni le travail ne reconnaissent. Et à quel prix ce résultat est-il obtenu ? La grève ayant pour but normal la perte de celui des deux partis qui n'accepte pas les conditions de l'autre, l'emploi de la violence y est naturel ; le patron se ruine, l'ouvrier succombe à sa misère plutôt que de céder, car le frein de la souffrance n'agit plus sur les hommes quand la passion les emporte. C'est en vain qu'après avoir déchaîné le conflit on prétend restreindre aux combattants le

choix des armes : ils se saisissent de toutes celles qu'ils trouvent à leur portée.
Les ouvriers en grève ne connaissent
guère les ménagements ; ils s'enivrent de
la force que leur donne le nombre, et,
pendant un instant au moins, leur
volonté, leur colère, leur caprice, se
donnent un libre cours. Tout ce qui leur
résiste risque le meurtre et le pillage. Une
fois l'orage passé, les bons rougissent
de ces actes ; mais le mal est irréparable.

En même temps, les conséquences
politiques que l'on pouvait redouter se
sont développées dans des proportions
inattendues. La société se trouve amenée à un état de trouble et de malaise,
avant-coureur de la guerre civile ou de
crises désastreuses. Les législateurs de
1864 n'avaient envisagé que des conflits
ocalisés, mettant en présence les ou-

vriers d'un établissement et leur chef, tout au plus ceux d'un corps de métier dans une même ville ; mais nous voyons maintenant se préparer des grèves d'une tout autre portée, dans lesquelles il s'agit d'arrêter complètement une industrie fondamentale, comme celle de l'extraction du charbon, ou de désorganiser un grand service public, comme les chemins de fer. La coalition n'embrasse pas seulement les ouvriers exerçant la même profession dans toute l'étendue de la République ; elle s'étend à l'étranger, créant entre les ouvriers de divers pays un lien plus puissant, à l'occasion, que celui de leur nationalité.

L'unité de statut personnel, que la Révolution avait fondée par l'abolition des ordres, se trouve remise en question par la tendance du prolétariat à constituer une classe. Les pouvoirs publics sont entrés dans cette voie par l'élaboration de lois spéciales aux ouvriers, s'appliquant d'ailleurs à des catégories de citoyens mal déterminées. La protection des ouvriers des mines, la loi sur les indemnités pour accidents de travail, les retraites ouvrières sont de véritables privilèges, justifiés peut-être par la situation de fait des ouvriers, mais qui doivent être considérés comme des mesures transitoires, destinées à disparaître quand la loi saura garantir à chacun le produit de son industrie.

V

L'ancien régime avait une législation du travail dont la Révolution a fait table rase, l'antique corporation était née du besoin d'aide et de protection mutuelle des artisans. Les abus qui s'y étaient introduits l'avaient rendue oppressive ; mais le cadre aurait pu en être conservé, et au bout d'un siècle il a été restauré dans l'institution des syndicats profession-nels. Ceux-ci sont destinés à se modifier sous l'inspiration des principes nouveaux du droit, jusqu'à ce qu'ils reproduisent ce que la corporation avait de bon. Grâce à elle le monde du travail possé-dait une hiérarchie : on était apprenti, compagnon, maître. La maîtrise était venue à se donner arbitrairement, aux influences de famille ou de fortune : c'est cette injustice qui a ruiné le sys-tème ; mais l'absence de toute consé-cration pour l'habileté professionnelle est aussi une injustice, qui pèse d'autant plus sur les ouvriers que les voyages

devenus faciles et fréquents les font
changer de milieu, et qu'ils ont, chaque
fois qu'ils se déplacent, à justifier de leur
savoir. Le mot d'égalité a créé une équi-
voque, a donné lieu à une assimilation
dont les ouvriers sont bien éloignés,
avec justes raisons. Nulle part le sentiment de la valeur personnelle, des avantages et des prérogatives qui lui sont dus
n'est aussi vif que dans l'atelier, parce
que nulle part aussi la valeur et l'habileté des hommes ne se manifestent
avec plus d'évidence et de simplicité.
Les différences de salaire qui en résul-
tent, soit dans le travail à la tâche, soit
dans le travail à la journée, sont accep-
tées très facilement de la part des moins
favorisés ; mais il n'en est pas de même
des avantages qui sont dus à la faveur
du maître, ou à des circonstances ana-

logues. A cet égard l'atelier constitue un tribunal, dont les jugements ou les avis n'ont pas de sanction, mais sont ordinairement très justes, et même très éclairés, parce qu'ils reposent sur l'expérience de la vie quotidienne dans une profession commune. Il ne manque à ce premier degré de la juridiction du travail que d'avoir une organisation. Dans toutes les questions d'ordre intérieur, le chef d'industrie seul est en même temps juge et partie. Cela s'appelle être maître chez soi : c'est parfois exact ; mais, bien souvent aussi, les ouvriers dans l'atelier seraient à bon droit considérés comme étant un peu chez eux. Les décisions du chef n'auraient qu'à gagner en autorité à s'appuyer sur l'avis de représentants des ouvriers, et les conflits seraient moins fréquents.

La belle institution des conseils de prud'hommes était digne de recevoir un plus grand développement. La très grande partie de ceux qui fonctionnent se rendent fort utiles, et si le monde du travail était plus accoutumé à y recourir, bien des conflits qui aboutissent à la grève seraient évités. La loi qui a fait dépendre leur existence de l'initiative des chambres de commerce ou des chambres consultatives de manufactures (1) les a par là même condamnés à ne progresser qu'avec une extrême lenteur, et un siècle après l'élection du premier de ces tribunaux (celui de Lyon, en 1806) on n'en trouve dans toute la France que cent cinquante-trois. Les conseils du travail prévus par les décrets des 17

(1) Décret du 11 juin 1809.

septembre 1900 et 2 janvier 1901, et plus spécialement destinés à prévenir les grèves, seraient susceptibles de plus d'extension, car leur création est à l'initiative du gouvernement. Mais leur institution même est encore en discussion (1).

. Les tribunaux de commerce, à la condition de reposer sur une base élargie, ou de recevoir une chambre ou section spéciale, sont propres à former le second degré de la juridiction du travail. La difficulté de les composer viendrait du petit nombre d'ouvriers qui possèdent actuellement des lumières suffisantes pour y siéger. C'est à quoi doit remédier, dans un avenir prochain, la diffusion de l'instruction, si rapide en notre

(1) Décembre 1902.

temps. En attendant, les tribunaux de commerce, par leur composition même, sont hors d'état de juger avec impartialité les conflits du capital et du travail.

Quelle que soit la juridiction choisie, le problème reste l'établissement de la loi elle-même, la détermination des droits respectifs du capital et du travail. On pourra légiférer tous les jours, comme on le fait en France : on ne fera rien de définitif aussi longtemps qu'on n'aura pas senti la contradiction qui existe entre ces deux idées : le droit de l'ouvrier à une part proportionnelle du produit, et un cours des salaires par région, proportionnel non au produit, mais aux besoins des ouvriers dans le pays, notion qu'on retrouve encore dans les récents décrets d'institution des conseils du travail,

Pour que le juge saisi d'un conflit puisse le résoudre, il lui faut une base d'appréciation, c'est-à-dire un rapport entre le droit du capital et celui du travail, entre la part de bénéfice qui est due à l'unité de capital, et celle qui revient à l'unité de travail. Or il n'existe pas de commune mesure entre le capital et le travail, et l'on ne peut en chercher une sans commettre une pétition de principe, qui ramènerait immédiatement au cours des salaires et à l'assimilation du travail à une marchandise. Le rapport en question sera donc variable avec chaque entreprise, et ne pourra résulter que d'un consentement mutuel, d'une convention entre le chef d'industrie ou le propriétaire du capital et les employés ou auxiliaires de toute sorte. La loi exige assez durement que, dans

3ᵃ

certains cas, le capital de l'entreprise soit révélé au public tout entier, et fréquemment le taux des profits est aussi porté à sa connaissance. Il n'est pas aussi rigoureux d'imposer au capitaliste qui emploie des ouvriers l'obligation de leur faire connaître la limite de l'intérêt qu'il entend prélever, au delà de laquelle les profits seront partagés entre les collaborateurs de tout ordre.

A défaut de semblables conventions, le juge devra être investi d'un pouvoir d'appréciation, et, dans cette mission, il prendra pour base non plus le cours des salaires, mais celui des capitaux, soit dans des entreprises analogues, soit dans le pays. La loi qui a fixé un maximum à l'intérêt placé dans le commerce peut être étendue aux capitaux de toute autre nature employés dans l'industrie;

toujours susceptibles d'être évalués en argent. Déjà cette estimation est de règle dans la constitution des sociétés commerciales ; l'association de fait qui existe entre le patron et l'ouvrier est du même ordre, et la valeur approximative du capital employé est facile à déterminer, pour des juges spéciaux choisis dans la profession.

Le principe nouveau à introduire dans la législation est donc une action donnée à qui a travaillé suivant un contrat de louage d'ouvrage, en revendication du produit de son travail : c'est-à-dire la concession aux ouvriers d'une action en rescision pour lésion, que le code civil accorde aux seuls mineurs non émancipés. C'est assurément, au point de vue de la doctrine, une grave atteinte portée à la force des contrats ;

mais c'est le seul moyen de remédier au désordre et au danger des coalitions et des grèves, en les rendant inutiles. D'ailleurs la grève elle-même n'est-elle pas une atteinte à la force des contrats ? La société qui a semé ce germe délétère est condamnée à arracher l'arbre qu'il a produit, ou à en être empoisonnée.

VI

Quand on recherche les conséquences d'une distribution irrationnelle des produits du travail, on est conduit à la théorie de la consommation et du luxe, sur lesquels il a été beaucoup écrit, mais dont le rôle économique peut être, pour ainsi dire, mis en équation assez simplement.

On peut faire de la valeur deux emplois : la consommer ou l'épargner. Si je dépense mon bien, j'en jouis ; si je le conserve, j'en jouirai demain ; mais je n'en jouirai qu'en le consommant. La sagesse me prescrit donc d'en faire deux parts dont le rapport dépend de mes vues d'avenir. Il n'en est pas de même pour la société tout entière. Elle n'a ni enfance ni vieillesse. Du moins la vieillesse ne lui ôte pas ses forces ; elle les augmente de temps en temps. Il est bon qu'elle ait une épargne pour le cas où une catastrophe l'atteindrait, où l'ennemi viendrait interrompre son travail ; mais, cette réserve faite, elle peut dépenser sans crainte son revenu. Il faut qu'elle le dépense ; c'est de cette dépense qu'elle vit. Si elle épargne, elle augmente la faculté de consommer pour la génération suivante ; mais celle-ci même n'en jouira qu'à la condition d'augmenter la consommation. En épargnant, elle s'impose une souffrance dans quelqu'un de ses membres ; et si l'épargne provient de l'impuissance de consommer, la souffrance qui en résulte sera plus aiguë demain.

La société peut donc être impuissante à consommer? Sans doute, car il ne suffit pas d'avoir bon appétit pour manger; il faut encore pouvoir acheter. Il ne suffit pas que le cœur batte pour entretenir la vie ; il faut que les artères portent le sang jusqu'aux extrémités. Très peu de gens produisent ce qu'ils doivent consommer eux-mêmes. La division du travail rend plus avantageux de travailler pour autrui; mais il en résulte que l'échange est une condition de la vie ; l'échange, c'est-à-dire la vente, les transactions. L'équilibre entre la production et la consommation est le critérium d'une exacte division du travail ; c'est la santé du corps social; l'accroissement simultané des deux termes constitue le progrès économique.

Or la production, nous l'avons dit, est en état de suffire et, au delà, aux besoins de tous. C'est la consommation qui fait défaut, non parce que les besoins sont satisfaits, mais parce que la répartition se fait mal. Que l'on considère en effet ce que devient le bénéfice d'une entreprise dans deux hypothèses différentes: d'abord dans le cas où les ouvriers ne reçoivent que le salaire strictement nécessaire pour entretenir la vie, et en second lieu dans le cas où, par la participation, ils sont appelés à le partager avec le capital. S'il s'agit, par exemple, d'un million de francs : cette somme aura-t-elle dans les deux cas la même puissance de consommation ? Divisée entre un millier d'ouvriers, elle se précipiterait sur le marché, pour s'y échanger rapidement contre les choses utiles à la vie ; mais si elle est dans la main d'un seul, elle aura bien, en apparence, le même pouvoir d'achat, mais en apparence seulement. Et pourquoi ? Parce que pour manger il ne suffit pas de pouvoir acheter ; il faut encore avoir de l'appétit. Un homme qui dispose d'une grande fortune est pourvu de tout ce que l'on trouve au marché, de tout ce que fabriquent les usines. S'il a le goût de la dépense, comment peut-il employer son argent ? Non plus en achetant ce qui déborde sur le marché et n'y trouve pas d'acquéreur, mais en commandant du travail nouveau, qui augmentera la production. Si l'on compare la production et la consommation, aux charges qui pèsent sur les deux plateaux d'une balance, on voit que la dépense des ouvriers s'applique tout entière au plateau le moins chargé pour rétablir l'équilibre, tandis qus les dépenses de luxe apportent une charge égale des deux côtés.

La définition du luxe qui ressort de cette considération n'est point celle des moralistes et ne l'infirme en rien. On n'a point en vue l'influence du luxe sur l'état moral de la société, ni sur le progrès des arts, mais sa répercussion sur la distribution. Les dépenses de luxe sont celles dont la contre-partie n'existe pas sur le marché, mais doit être le produit d'une nouvelle application du travail. Si inutile que paraisse une dépense pour celui qui consomme, fût-elle même immorale, dès l'instant qu'elle a pour contre-partie un travail déjà effectué, ou en cours d'exécution, elle devient une nécessité impérieuse pour quelques-uns. Là se trouve la justification des fêtes que l'on donne parfois pour soutenir le commerce, et qui peuvent être nuisibles, quand elles sont inopportunes. Lorsque, pour une cause temporaire, les choses de première nécessité viennent à renchérir brusquement, par exemple à la suite d'une mauvaise récolte, la dépense en objets de luxe des classes moyennes tombe tout d'un coup, et ceux qui en vivaient se trouvent en détresse. Les personnes riches font alors utilement des dépenses inutiles. Toutefois si la cause de la crise est telle que ses effets doivent se prolonger pendant une série d'années, comme dans le cas de l'invasion des vignobles par le phylloxera, il devient nécessaire qu'une partie du travail précédemment consacrée au luxe prenne une autre direction, et les secours qui lui sont donnés ne doivent pas le retenir dans son emploi. On ne saurait trop répéter que la prospérité générale repose sur un juste rapport entre la production et la consommation, et sur la *continuité* de l'une et de l'autre. Toute accélération, tout ralentissement temporaire donne lieu à une crise, c'est-à-dire à des pertes, sinon à des souffrances plus ou moins localisées ou étendues. S'il est un phénomène salué avec joie par tout le monde, c'est une très bonne récolte ; cependant le phénomène le plus à souhaiter est la succession de nombreuses récoltes moyennes. Les récoltes élevées excitent la dépense, déplacent le travail, car les hommes n'ont que trop de tendance à se figurer que l'abondance durera toujours, et, quand viennent les mauvaises années, le travail qui a été déplacé demeure sans emploi.

Sans entrer dans la question du luxe au point de vue de la morale et du progrès, on observera seulement qu'il n'est pas à craindre de voir une répartition plus équitable de la richesse porter atteinte à l'éclat des beaux-arts. Ils ne peuvent à la vérité fleurir que s'il existe des hommes riches pour les soutenir, et certaines fortunes seraient diminuées; mais à leur place ils verraient surgir une clientèle nouvelle plus étendue.

Les classes moyennes de la société

seraient augmentées à la fois par en haut et par en bas. On verrait moins de ces fortunes rapides que le hasard met aux mains d'hommes sans valeur personnelle, dont le luxe et la dépense sont une cause de démoralisation. Le travail manuel serait relevé dans l'estime publique; le monde, abandonnant un vieux préjugé, cesserait d'accorder plus de considération à un barbouilleur de papier qu'à un ouvrier sachant ajuster les organes délicats d'une machine. L'inégalité sociale tendrait à se régler sur l'inégalité naturelle, ce qui est le critérium d'une société démocratique et en même temps une garantie de stabilité de l'édifice social.

CHAPITRE III

Si la consommation est nécessaire à
la vie sociale et l'entretient, cependant
chaque individu doit épargner. Il n'y a
pas contradiction entre ces deux idées,
car l'épargne est destinée à être con-
sommée un jour, et la vieillesse consomme ce que la jeunesse épargne. Or
il est déjà difficile à beaucoup de gens
de se procurer le pain de chaque jour :
comment parviendraient-ils à mettre de
côté des ressources pour la vieillesse ?
Une vie entière consacrée au travail ne

suffit pas toujours à garantir les ouvriers de la misère. La société a conscience de ce qu'elle encourt une responsabilité de ce chef, et les pouvoirs publics ont fait de nombreuses tentatives pour organiser ou stimuler la prévoyance, et pour la diriger. Les résultats de ces efforts n'ont pas été à la hauteur des intentions, et l'ingérence de l'État dans la direction ou l'administration de l'épargne privée ne l'a pas rendue plus féconde. Il est nécessaire de jeter un coup d'œil sur les institutions qui ont été imaginées, pour découvrir, s'il se peut, les raisons de leur insuffisance.

Caisse des retraites pour la vieillesse.

La Caisse nationale des retraites pour la vieillesse a rencontré une certaine faveur dans l'opinion des personnes qui n'en usent point. Mais elle devait donner peu de résultats, et sa situation après un demi-siècle d'existence est si éloignée des espérances qu'elle avait fait concevoir, que l'on peut la considérer comme un avortement. Organisée pour la première fois par une loi de 1850, elle est administrée par la Caisse des dépôts et consignations, chargée de recevoir les dépôts et d'en faire emploi. Pour en éloigner la spéculation, le maximum de la pension à constituer sur une seule tête fut fixé primitivement à six cents francs. Cette limite a varié de six cents à quinze cents francs. Plusieurs fois remaniée, la Caisse est aujourd'hui régie par la loi du 20 juillet 1886, dont l'article 2 consacre une innovation d'une haute importance par son principe :

c'est la participation du budget public à la constitution de l'épargne privée, en faveur d'individus qui ne sont point au service de l'État (1).

Le législateur est entré timidement dans cette voie, et d'abord au profit des seuls individus victimes de blessures ou

(1) Art. 2 Dans le cas de blessures graves ou d'infirmités régulièrement constatées, conformément au décret du 27 juillet 1861, et entraînant incapacité absolue de travail, la pension peut être liquidée, même avant cinquante ans, et en proportion des versements faits avant cette époque. *Les pensions ainsi liquidées pourront être bonifiées à l'aide d'un crédit ouvert chaque année au budget du ministère de l'intérieur.* Dans aucun cas le montant des pensions bonifiées ne pourra être supérieur au triple du produit de la liquidation, ni dépasser un maximum de 360 francs, bonification comprise. La commission statuera sur toutes les demandes de bonification et devra en maintenir les concessions dans la limite des crédits disponibles.

d'infirmités prématurées ; puis l'idée a fait son chemin, et cette générosité de l'État, sans qu'on ait cherché à la justifier en droit, s'étend peu à peu au prolétariat tout entier. C'est la contre-partie de la loi d'airain. C'est parce que la société, dans ses mœurs et dans ses lois, refuse aux travailleurs leur part rationnelle de la production qu'elle est amenée à leur concéder une rente qu'elle ne leur doit point. La force des choses la conduit à cette restitution inconsciente et arbitraire.

Le sacrifice promis par l'article 2 ne devait pas profiter beaucoup à la Caisse des retraites. Vingt ans environ après sa fondation, en 1869, la moyenne annuelle des versements ne dépassait pas dix millions ; elle atteignait vingt-trois millions en 1878. A cette époque l'inté-

rêt servi par la Caisse (5 o/o) étant nota-
blement supérieur au taux du marché,
y attira des fonds de spéculation ; en
quatre ans les versements atteignirent
soixante millions. La loi de finances
de 1882 obvia à cet inconvénient, et la
moyenne annuelle fléchit aussitôt con-
sidérablement. De 1885 à 1890, elle
s'établit vers trente millions, en progression d'un million par année à peu
près. Cette augmentation n'est même
pas un signe de vitalité, comme on va
le voir. La Caisse fait deux sortes d'opé-
rations : elle reçoit des placements à
fonds perdus, et des capitaux réservés.
La première espèce lui est commune
avec les compagnies d'assurances sur la
vie ; c'est en vue de ces placements
qu'elle a été instituée ; à l'égard des capitaux réservés, elle n'est qu'une ban-

que, ou une caisse d'épargne de plus. Or, les versements de capitaux aliénés ont atteint douze millions par an, et n'augmentent pas. Du moins les versements *volontaires* n'augmentent pas. On a cherché, en effet, à galvaniser l'institution par des versements obligatoires imposés aux ouvriers de l'État (1). Il n'y a évidemment rien à déduire des augmentations éphémères qui peuvent en résulter. Elles disparaîtront avec leurs causes momentanées.

Tel est le bilan d'une institution dans laquelle on avait cru trouver la sauvegarde de tout le prolétariat. Les ouvriers n'ont pas de sympathie pour cette vaste tontine s'étendant à toute la France, dans laquelle leurs économies engouf-

(1) Décret du 26 février 1897.

3***

frées sont insuffisantes à assurer leur existence dans la vieillesse, et demeurent perdues pour leur famille.

Caisses d'épargne.

Les caisses d'épargne, dont la première organisation remonte à la loi du 5 juin 1835, ont eu un meilleur sort. Les fonds reçus par elles sont immédiatement versés à la Caisse des dépôts et consignations, chaque établissement ne pouvant conserver que la somme indispensable pour assurer le service. La Caisse d'épargne postale, instituée par la loi du 9 avril 1881, a obtenu un succès considérable, dû sans doute à la faculté qu'ont les déposants de remettre leurs fonds dans les bureaux de poste et de les en retirer avec la plus grande simplicité. Cette caisse donne lieu à un mouve-

ment annuel de sept cents millions, entrées et sorties. L'épargne qui s'y est
amassée depuis sa fondation est de cinq
cents millions environ. Les caisses privées, au nombre de plus de cinq cents,
ont un mouvement de fonds annuel de
deux milliards ; l'épargne qu'elles représentent dépasse trois milliards.

Ces établissements ont donc absorbé
la presque totalité de la petite épargne.
Leur encaisse, après avoir progressé
rapidement, pendant le temps qu'a duré
cette absorption, jusqu'à trois milliards
et demi environ, est destinée à suivre
les variations lentes de l'épargne, jusqu'à
ce que des idées nouvelles sur l'emploi
de ces capitaux viennent à se répandre
dans le public. Elle est répartie entre
sept millions de livrets, d'une valeur
moyenne de cinq cents francs (en négli-

geant un million de livrets représentant des dépôts inférieurs à vingt francs).
Mais il faut ajouter que quinze à vingt
pour cent des livrets représentent des
dépôts supérieurs à deux mille francs.
Ce sont les économies d'ouvriers aisés,
de petits employés. Celles de la population pauvre, dont l'avenir est inquiétant,
et pour qui les caisses ont été instituées,
ne dépassent guère trois cents francs.

Telle est la limite du pouvoir de l'é-
pargne individuelle ; une somme de
trois cents francs, placée à intérêt, au
taux de 2,75 %. Ces caisses n'ont pas
réussi à assurer la vieillesse des travailleurs, mais du moins elles ont servi
à mettre au jour l'insuffisance complète
du système qui consiste à diviser les
trois milliards et demi qui représentent
l'épargne des ouvriers en sept ou huit

millions de parts individuelles impro-
ductives.

Sociétés de secours mutuels.

Les sociétés de secours mutuels reposent sur une idée autrement féconde
que les institutions précédentes. Tandis que la Caisse des retraites et les
caisses d'épargne laissent le déposant
isolé, nous voyons ici apparaître l'association des intérêts, dont la puissance
merveilleuse est comparable à celle de
la division du travail.

Ces sociétés datent de 1850, comme
la Caisse des retraites. La seconde République a eu l'honneur de provoquer
ce grand mouvement en faveur de la
prévoyance et de l'épargne. Instituées
pour procurer à leurs adhérents, moyen-
nant une minime cotisation, des secours

en cas de maladie et des funérailles décentes, elles ne tardèrent pas à viser plus haut. Elles eurent la prétention de devenir l'appui et le refuge de la vieillesse indigente, et cette conception n'était point téméraire. Dix ans après leur naissance, il y en avait quatre mille ; elles sont aujourd'hui dix mille environ, et comptent un million et demi d'adhérents qui payent vingt millions de francs de cotisations. Leur fortune s'élève à deux cents millions, et croît assez régulièrement de deux millions par année. Elles distribuent chaque année quinze millions de secours, un peu plus de deux millions de pensions, et huit cent mille francs de frais funéraires.

Mais ces chiffres ne mesurent pas toute la puissance des sociétés de secours mutuels, ni l'étendue des services qu'elles sont appelées à rendre quand elles seront affranchies d'une tutelle gouvernementale étroite et gênante. Nées à une époque troublée, elles devaient exciter la défiance du pouvoir. Le gouvernement du second Empire en eut peur. Telle est la raison des entraves qui leur furent imposées, entraves dont la troisième République, après trente ans d'existence, n'a point osé encore les affranchir, et que la loi de 1898 a seulement adoucies.

Elles avaient reçu à leur naissance la reconnaissance d'utilité publique, qui en faisait des personnes morales de capacité étendue. Elles pouvaient recevoir des donations et legs, nommaient leurs présidents et vice-présidents. Par le décret de 1852, la reconnaissance d'utilité publique est supprimée ; plus d'élection ; le président est nommé par le gouvernement ; le nombre des membres participants est réduit à cinq cents ; et, surtout, la faculté de posséder des immeubles leur est retirée ; celle de recevoir des donations et legs est limitée à une valeur de cinq mille francs par don. Au delà de trois mille francs, leurs fonds doivent être déposés à la Caisse des consignations ou dans les caisses d'épargne.

Le décret de 1852 est demeuré pendant un demi-siècle la charte des sociétés de secours mutuels. C'est sous cette législation et malgré ces obstacles qu'elles ont grandi. Un des premiers actes du gouvernement de la Défense nationale fut de leur rendre l'élection des présidents. La loi du 1er avril 1898, considérée par ses auteurs comme éminemment libérale, mais en réalité encore aveuglément oppresive, leur a concédé, à défaut de liberté, une tutelle administrative moins étroite, sous laquelle va s'accomplir une nouvelle étape de leur destinée.

Le nombre de leurs adhérents n'est plus limité, et elles peuvent même former entre elles des unions de capacité déterminée. Mais elles ne peuvent recevoir de dons ou legs immobiliers qu'avec l'autorisation du Conseil d'Etat. Pour ouvrir un hospice ou une maison de retraite, il leur faut une autorisation donnée par un décret spécial rendu en Conseil d'Etat. La loi règle l'emploi de leurs fonds, leur impose des placements au taux de la Caisse nationale des retraites pour la vieillesse ; elle leur promet, à la vérité, sur le budget de l'État une boni-fication portant le taux à 4 1/2 %.; mais c'est à condition qu'elles ne serviront aucune pension supérieure à 360 francs par an.

Quand on cherche la cause de ces entraves, de ces prohibitions maintenues dans la loi, et venant contrarier le besoin qu'éprouvent les faibles et les déshérités de se grouper et de s'unir, il est aisé de voir que le législateur a obéi à deux ordres de considérations. En premier lieu on trouve la crainte inspirée par le spectre du socialisme, le désir de sauvegarder la propriété individuelle, ce legs sacrosaint de l'antiquité romaine, qui se modifie cependant peu à peu sous nos yeux, et subit de profondes altérations, dans le temps même où nous l'exportons en Afrique, et cherchons à l'imposer à nos colonies.

On trouve ensuite, de la part du gouvernement, la préoccupation de garantir aux placements de la petite épargne une sécurité absolue : deux ordres de motifs évidemment respectables, mais qui, envisagés trop exclusivement par les pouvoirs de l'Etat, ont conduit à des solutions défectueuses, solutions qui frappent de stérilité le pécule des pauvres, quand il n'est pas assez ingénieux pour tourner la loi.

Pendant longtemps, toute tentative d'association apparut au pouvoir comme une réalisation des principes collectivistes, et une menace contre l'ordre social. L'esprit d'association dut, pour se faire accepter, emprunter le manteau de la religion, et se borner à des occupations assez ingrates pour ne point éveiller de concurrence jalouse. C'est le secret du développement qu'ont

pris les ordres religieux, consacrés à
l'éducation des enfants, au soin des infirmes et des indigents. Souvent le
dénuement, plus que la foi, est le mo-
bile des vocations ; la pratique des ver
tus chrétiennes n'est pas l'attrait, mais
le prix de l'abri et de la sécurité qu'offre
le cloître. On y va chercher un adoucis-
sement à la nécessité du travail, un
refuge contre la dureté de la vie. L'o-
béissance à l'Église, la règle acceptée
offre une caution au pouvoir, aussi longtemps que l'Église est son alliée, et que
la religion est un moyen de gouvernement. C'est pourquoi les entraves et les
prohibitions apportées à la formation
des sociétés furent levées à l'égard des
congrégations religieuses. La faveur
dont elles étaient l'objet subit une in-
terruption pendant la période révolu-

tionnaire, mais la Restauration les rétablit dans leurs avantages. Une loi du 2 janvier 1817 leur permet de recevoir sans limite, avec l'autorisation du roi, les dons de meubles et d'immeubles, d'acquérir des biens ou des rentes, faculté refusée jusqu'en 1898 aux sociétés de secours mutuels, et qui aujourd'hui encore ne leur est accordée qu'avec une autorisation spéciale du conseil d'État.

Les masses populaires arbitrairement privées des ressources que le communisme peut offrir contre la misère, en ont fait un objet de leurs revendications, et leurs conducteurs ont imaginé un collectivisme universel, qui s'établirait par une révolution, sur les ruines de la propriété individuelle. Cette fausse conception a pesé lourdement sur la marche du prolétariat, en alarmant les classes plus favorisées, qui se sont accoutumées à voir dans le collectivisme une menace pour l'ordre établi. Cependant, l'histoire aussi bien que le spectacle des sociétés contemporaines montrent que le collectivisme, loin de faire obstacle à l'établissement de la propriété individuelle, offre un degré pour y parvenir. L'erreur des néo-révolutionnaires est de méconnaître le progrès, et de chercher une amélioration dans un retour à un passé lointain.

Nous avons sous les yeux le collectivisme agraire des communes de Russie ; la propriété du sol appartient à l'agrégation communale nommée le mir ; la terre est divisée entre les familles proportionnellement à leur importance numérique, et en tenant compte aussi d'une certaine hiérarchie sociale ; la faible densité de la population permet, à chaque naissance, de donner au chef de famille une parcelle pour le nouveau venu. La répartition est renouvelée périodiquement, de façon que les terres les plus avantageuses ne restent pas toujours dans les mêmes mains. Cependant ces populations vivent dans une extrême pauvreté ; le gouvernement se préoccupe de leur donner la propriété individuelle. C'est le plus difficile problème de politique intérieure qu'il ait à résoudre, car le peuple est attaché à cette antique forme de tenure. La substitution de la propriété personnelle à celle de la commune serait peut-être de nature à amener une amélioration dans le rendement des terres ; mais une telle réforme au xxe siècle semble un peu tardive. La propriété individuelle a donné ce qu'elle pouvait : voici venir avec une puissance nouvelle l'association agricole, le syndicat. Il se trouve tout formé en Russie, et n'a pour ainsi dire qu'à prendre conscience de lui-même.

Mais la question a une portée plus haute, car il s'agit de la légitimité de la propriété, et il n'est pas surprenant que des recherches sur la nature de l'épargne nous fassent rencontrer cette pierre angulaire de l'édifice social. Orgueilleusement l'homme stipule à perpétuité ; mais la nature ne donne à sa volonté que quelques années pour s'exercer. Une commune, un État, ont une durée moins éphémère, mais l'avenir appartient aux générations. Chacune a les mêmes droits que ses devancières sur le sol, patrimoine commun des hommes, et quand l'une d'elles stipule pour la postérité, le contrat est sujet à ratification. Un peuple établi sur une région la possède par le droit du premier occupant, appuyé sur la force de ses armes, ou par droit de conquête. Les nations ne connaissent pas d'autre titre, et quand un célèbre fondateur d'empire a dit que la force prime le droit, il n'a fait que traduire un fait expérimental. Plus exactement, la force est un droit, et, en matière d'occupation de territoires, le droit public international n'a pas de fondement plus solide. Le droit de premier occupant devient caduc, lorsqu'il n'est plus étayé par la force. L'invasion du monde romain par les barbares était de droit naturel, comme dans la forêt l'arbre séculaire et pourri cède la place aux jeunes pousses pleines de sève. Pour qu'un peuple garde son droit sur ses terres, il faut qu'il conserve sa vitalité et sa vigueur.

Une propriété ainsi acquise et conservée est de sa nature collective. Comment est-elle devenue à Rome la propriété personnelle, comprenant le droit d'user et d'abuser avec la faculté de transmettre à perpétuité ? C'est que cette forme convenait éminemment à l'agriculture, au groupement familial, et à l'esclavage. Or, l'agriculture n'a plus, dans notre société moderne, l'importance relative qu'elle avait alors : la moitié seulement de la population s'en occupe ; la famille s'est transformée par la réduction progressive de la puissance paternelle, et une conception différente des droits de l'individu ; enfin l'esclavage a disparu. Il n'est donc pas étonnant que l'ancienne forme de propriété ne réponde plus à tous les besoins, et qu'il s'en crée de nouvelles, que nous voyons éclore sous la forme d'associations variées, tantôt commerciales et sanctionnées par la loi, tantôt civiles ou religieuses, et fonctionnant à l'abri de sa tolérance. Toutes reposent sur le collectivisme ; il convient à l'industrie et au commerce, qui demandent de gros capitaux et une association plus flexible et plus étendue que la famille. L'agriculture elle-même se trouve à l'étroit dans le cadre de la famille et de la propriété individuelle : voici qu'elle a recours à l'association, pour son outillage et pour ses travaux. Bien loin que ce collectivisme fasse obstacle à la propriété individuelle, il en favorise la formation, et les pouvoirs publics, loin de s'en alarmer, ont pour rôle d'en favoriser l'éclosion et de l'organiser.

Il est un ordre de faits où le collectivisme révèle toute sa vertu, c'est dans la formation de l'épargne, et dans les œuvres de prévoyance et de secours. La clientèle trop nombreuse de l'assistance publique, soit de l'État, soit des départements ou des villes, enfants, vieillards, malades, vit en communauté. Dix-huit cents établissements, hôpitaux et hospices, contiennent une population de deux cent mille personnes, des deux sexes et de tout âge, et, malgré les dépenses qu'entraîne la centralisation administrative, malgré le luxe relatif que peuvent se permettre certains hospices pourvus de revenus importants, la dépense moyenne de toutes ces maisons est très modique.

A côté des hospices de l'assistance publique, on voit des maisons de refuge pour les personnes d'un certain rang, qui ne sont pas sans ressources, mais qui n'ont plus les moyens d'être seules, et de continuer dans l'âge du repos le genre de vie dont elles ont joui pendant les années de travail. Ces institutions doivent pour la plupart leur origine à une généreuse donation. L'existence de leurs pensionnaires est un communisme mitigé ; le collectivisme n'y exclut pas la propriété individuelle ; il s'y ajoute pour les soustraire à la pauvreté. La loi, par les restrictions qu'elle apporte à la mutualité, exclut les ouvriers de ces combinaisons ; et cependant que ne feraient pas dans cet ordre d'idées les sociétés de secours mutuels, si elles avaient le champ libre, si elles pouvaient posséder des maisons de retraite ; non pas de ces édifices considérables faits pour abriter des centaines de vieillards, avec un nombreux personnel d'administration, et dont les deux tiers des places sont vacantes, mais des maisons modestes, semblables à celles que leurs membres habitent pendant la période active de leur vie, peut-être avec un peu plus d'espace et de salubrité.

Les douze millions de francs qui actuellement sont versés chaque année à fonds perdus, dans la Caisse nationale des retraites pour la vieillesse, iraient immédiatement s'ajouter à leur revenu, qu'ils augmenteraient de moitié. Mais elles auraient pour attirer ces dépôts une tout autre puissance que la Caisse des retraites, parce que leur collectivisme est moins étendu, se rapproche davantage de la propriété ! Un déposant qui met son argent dans cette caisse ne sait qui en profitera après sa mort ; tandis que, dans la société de secours mutuels, il verrait ses proches, ses amis ; surtout il aurait sous les yeux pendant sa vie le gage de sa créance, la maison où il serait recueilli en cas de besoin, les champs, le bétail, quelques ateliers qui seraient un peu à lui, et dans lesquels il pourrait rendre encore des services, quand l'âge ne lui permettra plus un travail régulier. Mais l'épargne française n'est pas seulement exclue par la loi de la propriété foncière ; l'industrie et le commerce lui sont interdits. Les caisses d'épargne, les sociétés de secours ne pourraient pas suivre l'exemple de ces communautés religieuses qu'on voit se consacrer à une industrie facile et productive. Le seul emploi permis à leurs capitaux est le placement à intérêt, le prêt à un taux décroissant, et d'autant plus faible qu'il est garanti par l'État.

La seconde raison, en effet, des obstacles apportés au libre fonctionnement des associations de prévoyance est le désir du législateur de procurer aux dépôts de l'épargne une sécurité absolue. Dès l'instant où l'État ouvrait une caisse publique à l'épargne, cette sécurité devenait une condition nécessaire et fondamentale ; il n'en découlait pas qu'elle dût être étendue aux établissements privés ; mais le législateur a voulu montrer ainsi sa sollicitude pour la prévoyance. On osera dire ici que cette sollicitude s'est égarée. Si désirable, en effet, que soit la sécurité, elle n'est pas le premier besoin de la petite épargne. Si intéressant que soit l'avenir, c'est le présent qui préoccupe surtout le pauvre. On voit des artisans, de petits commerçants tirer un parti avantageux d'un capital minuscule, en y appliquant leur travail. La sécurité n'est pas leur souci, hélas ! et la statistique des faillites le démontre ; mais s'il en est qui sombrent, le plus grand nombre vit et prospère dans une certaine insécurité. De même le capital épargné doit procurer d'abord le nécessaire ; or, la sécurité qu'on lui impose est un superflu ; on le lui procure aux dépens du nécessaire ; on le réduit à un placement de tout repos qui le condamne à ne donner que le rendement minimum.

Est-ce à dire que l'épargne doit être administrée avec l'audace et l'esprit d'aventure qu'on loue chez un simple particulier ? Non certes ; mais elle doit fructifier, et la Caisse des dépôts et consignations n'est point un terrain fertile. Il est un genre d'entreprises qui, par sa nature, convient à ceux qu'aiguillonne la pauvreté : quand toute place est occupée au soleil de la mère patrie, c'est pour eux que s'ouvrent les colonies, c'est là que de modestes capitaux bien employés sont assurés de produire. Or la France possède un vaste domaine colonial, mais tandis que de riches sociétés financières y trouvent l'emploi de leurs fonds, ceux de la petite épargne sont enfouis et immobilisés dans les caisses de l'État.

En résumé, l'épargne a trouvé sa voie dans l'association. La société de secours mutuels est un instrument convenable, pourvu qu'elle soit libre, que l'État cesse de lui faire concurrence avec sa Caisse des retraites qui n'est qu'un leurre, et borne son rôle à une surveillance bienveillante.

CHAPITRE IV

POPULATION

Un cri d'alarme a retenti en France, il y a quelques années, lorsque le dénombrement de 1896 accusa une diminution dans le chiffre de la population. C'était la seconde fois que le phénomène se produisait ; on l'avait déjà constaté en 1872, au lendemain de nos désastres, lorsque, déduction faite de la population qui nous avait été arrachée par le traité de Francfort, le reste accusait encore une diminution d'environ un centième par rapport au recensement de 1866. Les événements de 1870-71 l'expliquaient suffisamment ; et, en fait, dès

1876 le mouvement ascendant avait re-
pris, et l'accroissement à cette époque
dépassait deux centièmes en quatre ans.
De 1876 à 1896 il s'est ralenti à peu près
uniformément. Depuis cette date le mouvement s'est relevé, et le dénombrement
de 1901 a fait ressortir un accroissement
de 17 millièmes environ. Mais si l'on
examine le graphique représentant le
mouvement de 1801 à 1901, et si l'on
admet que la loi qu'il semble exprimer
doive se continuer, on peut prévoir une
diminution nouvelle de l'accroissement
quinquennal, de sorte que la population
deviendrait stationnaire.

Ce phénomène est-il un mal ou un
bien et quelles en sont les causes ? telles
sont les questions qui se présentent.

L'opinion publique n'a guère hésité à
le considérer comme une calamité. Ce

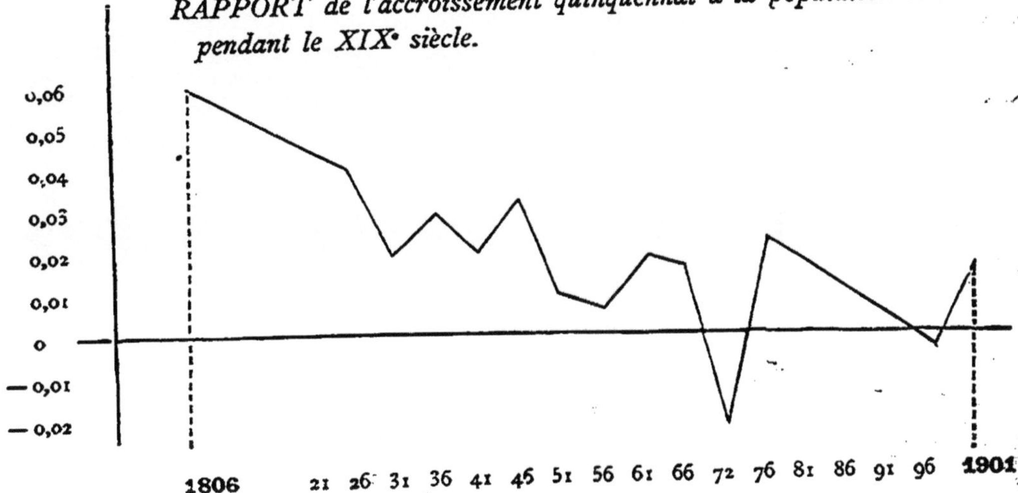

RAPPORT de l'accroissement quinquennal à la population totale
pendant le XIX° siècle.
0,06
0,05
0,04
0,03
0,02
0,01
o
— 0,01
— 0,02
1806
21 26 31 36 41 45 51 56 61 66 72 76 81 86 91 96 1901
Années des dénombrements.

sentiment est d'abord venu de la comparaison qu'on peut faire avec les peuples
voisins, qui s'accroissent tous beaucoup
plus rapidement que nous, excepté l'Es-
pagne, dans laquelle l'accroissement est
compensé par l'émigration, de sorte
qu'elle est elle-même plus prolifique
que la France. Qu'il y ait dans une
telle situation, si elle doit se prolonger
longtemps, une menace pour la sécurité
nationale, c'est une question digne
d'examen, et qui doit être envisagée en
tenant compte à la fois des progrès de
l'art de la guerre et du progrès des idées.
Nous en dirons quelques mots à la fin
de ce chapitre ; pour l'instant, nous con-
sidérons le fait au point de vue économique, c'est-à-dire que nous recherche-
rons son influence sur l'état dans lequel
se trouve la population.

Le rapport qui existe entre le nombre des habitants et la surface du sol, ou la densité de la population, dépend du climat, des ressources naturelles, et de l'état de civilisation des habitants. Ce dernier terme est le seul sur lequel l'homme puisse agir. Or, à mesure qu'il avance, ses progrès deviennent plus lents. Dans le terme général de civilisation, on fait entrer la moralité et le bien-être des peuples, qui exercent une influence régulatrice puissante sur le mouvement. Les faiseurs de systèmes supposent gratuitement que les nations voisines verront croître leur population dans l'avenir avec la même vitesse que dans le passé. Ce qui est vraisemblable, c'est que les mêmes causes produiront partout les mêmes effets.

Il y a un siècle environ, Malthus inspirait à ses contemporains une crainte bien différente. Suivant le philosophe anglais, le plus grand danger qui menace l'humanité est l'accroissement trop rapide de la population, et les gouvernements, bien loin de chercher à augmenter le nombre des mariages, devraient s'appliquer à maintenir le chiffre des naissances au niveau des moyens de subsistance. Son livre est un peu oublié : grâce aux moyens de communication modernes, le fléau de la famine est devenu plus rare, et s'est éloigné de nos contrées. Suivant Malthus, la population d'un pays, par la seule force de l'attraction que la nature a mise entre les sexes, tend à croître comme les termes d'une progression géométrique, et le doublement se ferait dans une période de temps, variable avec les races et les circonstances extérieures, qu'il estime n'être jamais supérieure à vingt-cinq ans. Mais en même temps les subsistances que produit l'agriculture ne peuvent croître qu'en progression arithmétique, c'est-à-dire infiniment moins vite ; il en résulte qu'à chaque instant le manque de nourriture, c'est-à-dire la famine ou la misère, ramène la population au niveau des subsistances. Deux autres obstacles concourent au même but, le vice et la contrainte morale.

La période de vingt-cinq ans peut être contestée ; mais le principe est juste. Si la progression géométrique n'est pas réalisée, c'est que des causes contraires interviennent, et ces causes sont bien celles qu'indique Malthus. Seulement celle qu'il croyait devoir agir avec le plus d'énergie, la misère, ne semble pas être la plus efficace ; c'en est une autre, en France au moins, dont l'action est prépondérante. On ne sait pas bien s'il faut l'appeler le vice ou la contrainte morale ; beaucoup disent, avec une indignation plus généreuse qu'éclairée, la contrainte immorale.

La France comptant aujourd'hui trente-neuf millions d'habitans, sa population a doublé en deux siècles. Elle était de dix-neuf millions au temps où écrivait Bois-Guillebert, vers 1690 (1).

Or, le produit de la terre a aussi doublé dans le même intervalle. Tel a été le pro-

(1) On fait ici allusion à la *Dîme royale*, attribuée au maréchal de Vauban, mais que Voltaire affirme avec beaucoup de vraisemblance avoir été écrite par l'auteur du « Détail de la France » (Dictionnaire philosophique, *Economie*).

grès de l'agriculture. On trouve là une vérification bien remarquable du principe de Malthus. Cependant la consommation du peuple français dépasse sensiblement le produit de la terre. Les statistiques montrent que les importations de matières alimentaires dépassent les exportations d'une quantité qui représente le dixième de la consommation totale du pays, ce qui revient à dire que neuf dixièmes de la population peuvent vivre sur le sol, et que le surplus, soit quatre millions d'êtres environ, est obligé de tirer sa subsistance du dehors. Voilà, en somme, à quoi aboutit la supériorité de la civilisation et de l'industrie de la France : elle permet à quatre millions de Français d'habiter une région où il n'y a rien pour eux, à la condition de travailler pour l'exportation, et de trouver l'échange de leurs produits.

Mais le phénomène ne se borne pas là, et il s'en faut de beaucoup que toute la production agricole indigène passe dans la consommation du pays. Nous avons en effet pour voisines des contrées qui ont une densité de population très supérieure à la nôtre : la Belgique et l'Angleterre doivent cette situation privilégiée à leurs riches bassins houillers, et elle n'est égalée que par notre département du Nord. Il en résulte que les productions agricoles de la Normandie et de la Picardie prennent le chemin de l'Angleterre et de la Belgique, qui nous envoient en échange des produits de leur industrie. Cette seconde cause de déficit, plus importante que la première, porte à dix millions le nombre des habitants de la France obligés de tirer leur nourriture du dehors, d'échanger le produit de leur industrie contre ceux de l'agriculture étrangère. Peu importe à cet égard que nos échanges donnent lieu à un mouvement d'affaires de sept à huit milliards par année : ce qu'il faut, c'est que les nations étrangères qui concourent à ce commerce apportent sur le marché un excédent de travail agricole disponible correspondant à l'alimentation de plus d'un quart de la population française.

Une grande partie de ce trafic ne se fait pas directement entre la France et les pays de production. L'Angleterre, la Belgique, l'Allemagne nous servent d'intermédiaires (1). Leurs marchandises

(1) « Les Juifs, les Génois, les Vénitiens, les « Portugais, les Flamands, les Hollandais, les

conviennent mieux, en raison de leur plus bas prix, aux cultivateurs de la Russie, ou des colonies, voire même de l'Amérique, que les produits français, qui en revanche sont appréciés en Europe. Nous exportons donc les objets de notre fabrication chez ces voisins, qui en échange vont acheter pour nous et nous apportent les subsistances dont nous avons besoin. De là vient l'infériorité de notre marine marchande.

Cette considération montre dans quelle voie pourrait être cherché un nouvel accroissement de la population. Ce n'est point dans de puérils encoura-

« Anglais firent tour à tour le commerce de
« la France, qui en ignorait les principes,
« Louis XIII à son avènement à la couronne,
« n'avait pas un vaisseau...) »
(Voltaire, *Siècle de Louis XIV.*)

gements au mariage ou à la procréa-
tion des enfants : la nature s'est chargée
de ce soin. Ce que l'homme peut tenter,
c'est d'augmenter les provisions, par les
progrès de l'agriculture et par ceux de
l'industrie, qui nous permet d'introduire en échange de nos produits ma-
nufacturés les denrées alimentaires du
dehors.

Que le rendement de la terre ait doublé depuis deux siècles, c'est déjà un
résultat satisfaisant ; cependant les agri-
culteurs instruits pensent que la France
pourrait produire non seulement la
nourriture de ses habitants, mais bien
davantage. Dans ces mêmes contrées
de Normandie et de Picardie, où Bois-
Guillebert voyait récolter 1250 livres
de blé dans un acre de bonne terre, ce
qui représente un peu moins de douze

hectolitres à l'hectare, nous assistons aujourd'hui à des récoltes de quarante hectolitres, et exceptionnellement de quarante-huit à cinquante hectolitres à l'hectare.

Mais ces procédés de culture intensive ne sont pas généralisés. Rien ne se transforme aussi lentement que l'agriculture. La partie la plus éclairée de la population s'en désintéresse par tradition, et tel qui se pique de traduire Homère et Horace croirait s'abaisser en prenant la peine de distinguer l'orge du blé. Le gouvernement a introduit quelques notions d'agriculture dans l'enseignement des écoles primaires ; mais l'importance n'en est pas sentie au-dessus.

Il semblerait paradoxal de prétendre qu'au xxe siècle la population puisse être limitée par les subsistances, alors que tant de contrées fertiles sont encore incultes, et que la vapeur a pour ainsi dire supprimé les distances. Assurément cette limite ne doit pas être entendue avec le sens rigoureux que lui donnait Malthus, et si le fléau de la famine peut encore atteindre les agglomérations de la Chine ou de l'Inde, il n'est plus à redouter pour les pays d'Europe, sillonnés de chemins de fer. La France notamment, si une récolte venait à lui manquer totalement, trouverait dans ses ressources ou dans son crédit le moyen de faire arriver de toutes les parties du monde de quoi combler ce déficit. Mais il ne suffit pas que la population puisse être sauvée d'une crise exceptionnelle ; il faut qu'elle soit entretenue par le cours normal du travail et du commerce. Or, en maint

pays le gouvernement ou les lois s'op-
posent à l'introduction des produits
agricoles étrangers. Cette nécessité
qu'éprouvent les nations les plus civilisées d'interdire dans une certaine mesure leur marché aux produits du dehors, nécessité qui donne un éclatant
démenti aux théories d'une prétendue
science, a sa cause profonde et immua-
ble, aussi loin que le regard de l'homme
puisse interroger l'avenir, dans la diver-
sité même des races dont se compose
l'espèce humaine, et qui s'oppose à
leur fusion. Pourquoi, en effet, ne pas
laisser les hommes agir au gré de leur
intérêt particulier? Suivant une théorie
spécieuse, le capital et le travail se portent d'eux-mêmes aux emplois les plus
rémunérateurs ; et s'ils prennent de
fausses directions, la liberté suffit à ré-

parer les crises locales ou étendues qu'ils font naître. Toutes les barrières étant ouvertes, le monde entier ne forme plus qu'un seul marché, où la concurrence réduit au plus bas prix, et met à la portée du plus grand nombre, aussi bien que les objets les plus nécessaires à la vie, les productions qui en sont le charme et l'ornement. Le blé, d'autres produits agricoles, demandés à des terres moins épuisées que la nôtre, arriveraient en France de Russie ou d'Amérique ; les habitants de nos campagnes, quittant un travail rude et ingrat, émigreraient dans les villes, s'appliqueraient aux mille métiers où excelle l'ouvrier français, et trouveraient au dehors le placement des produits d'un travail plus relevé, plus conforme à nos aptitudes, à notre civilisation.

C'est là toute la théorie du libre échange, qui fait de l'univers un seul marché ; qui ne tient compte ni des frontières, ni de l'instinct de combativité que la nature a mis en l'homme. Quand on interroge l'histoire, on ne trouve pas un instant où quelque lieu du globe n'ait été le théâtre d'une guerre. Le xx° siècle verra peut-être la fin des conflits armés entre les grandes nations qui sont à la tête du progrès. En attendant, jamais la préoccupation de leur sécurité n'a suscité d'aussi grands efforts, jamais la préparation à la guerre n'a absorbé une si grande part de leur activité. Mais quand cette espérance deviendrait une certitude, quand le danger d'être privé par la guerre des subsistances tirées de l'étranger cesserait de nous menacer, il y aurait encore à compter avec la guerre économique qui s'appelle la concurrence. Nous sommes condamnés, par notre nombre même, par notre densité de population, que tant d'imprudents trouvent insuffisants, à payer tribut à l'étranger, à lui faire accepter une partie importante de notre travail national, en échange de productions indispensables à la vie. Et chaque fois que nous introduisons un produit étranger d'une autre espèce, une marchandise étrangère que nous préférons à un produit similaire de notre industrie, nous augmentons d'autant le stock que nous sommes obligés d'exporter pour avoir le moyen de vivre tous sur la terre de France. Or, sur les marchés étrangers où nous portons notre travail, nous rencontrons les nations rivales, soumises aux mêmes nécessités que nous, mais bien plus aiguillonnées par le besoin, parce que précisément elles ont une densité de population plus élevée que nous, et par conséquent disposées à se contenter d'un moindre prix. De là l'utilité de nous réserver dans une large mesure notre marché intérieur.

Dire que la France exporte annuellement pour trois milliards de marchandises et qu'elle en importe pour quatre, ainsi que les statistiques le répètent sans autres explications, c'est dire que chaque année les nations étrangères nous font un cadeau gracieux d'un milliard. Dans toute opération de vente ou d'échange, les deux parties voient un avantage ; autrement la transaction n'aurait pas lieu. Il y a donc pour elles équivalence entre les objets échangés ; mais la valeur dépend du lieu et du temps : si un envoi de soieries de Lyon fait équilibre à une importation de blé d'Amérique, c'est que les deux articles auront la même valeur pour les consommateurs auxquels ils sont destinés. La statistique pourra dire que le blé vaut quatre et la soie trois ; mais lorsque la soie aura franchi l'Atlantique et acquitté les droits d'entrée aux États-Unis, elle vaudra quatre pour le consommateur qui en fera des vêtements ; et réciproquement, le blé qui vaut quatre sur la place de Lyon ne valait que trois dans les magasins de New-York : d'où il suit que les deux parties peuvent se féliciter du marché. La différence relevée entre le chiffre des entrées et celui des sorties ne peut avoir d'autre signification que de mesurer les frais dont sont grevées les marchandises qui font l'objet du commerce extérieur, pour parvenir du producteur au consommateur ; c'est d'ailleurs un indice du degré d'utilité que présente ce commerce, comparativement avec le commerce intérieur. L'habileté du commerçant qui trafique au dehors consiste à diriger les produits nationaux sur les marchés où ils peuvent avoir le plus de valeur, et à découvrir pour les matières d'importation les pays qui peuvent les fournir au plus bas prix.

Les considérations qui précèdent nous conduisent aux véritables raisons du ralentissement de la population française, qui sont la diminution de la valeur relative de la terre, principale richesse de notre pays, et l'insuffisance de notre commerce. Aussi longtemps que l'agriculture a été la source unique ou principale de la richesse, et que nous avons pu nous passer de commerce extérieur, nous étions dans une situation privilégiée ; mais, par l'invention de la vapeur et la nécessité de l'exportation, tout change de face. Désormais la richesse naturelle n'est plus seulement dans le sol, elle est pour une grande partie dans le sous-sol, et les nations privilégiées sont celles qui possèdent les grands bassins houillers. Désormais l'accroissement de population en Europe est dû bien moins au progrès lent de la culture qu'au progrès rapide de l'industrie et du commerce. Si l'on interroge une carte de France, on voit que ces principes généraux se vérifient dans le détail. L'agriculture n'a plus la même importance qu'au temps d'Henri IV et de Sully ; cependant elle occupe encore la moitié des habitants. La densité de cette population agricole est en raison directe de la richesse du sol. La Flandre, la Normandie, la Bretagne, sont les régions où elle est le plus élevée. Sur les côtes, une population de pêcheurs et de marins s'ajoute à celle qui cultive la terre. Mais le maximum se rencontre dans les pays de charbonnage. Là, à la culture du sol se joint l'extraction de la houille ; et la présence du précieux combustible fait surgir les usines, où le travail du fer a pris un si grand essor. En un mot, la population se multiplie là où elle trouve du travail, source de la vie et de la richesse.

En même temps qu'elle devient stationnaire dans l'ensemble, la population de la France se déplace. Les habitants des campagnes émigrent dans les villes, et la plupart des communes rurales

diminuent. Ce phénomène est une conséquence de ce qu'on vient de dire : du
moment que les facilités de transport
dues à la vapeur permettent d'amener
sur nos marchés les produits agricoles
de l'étranger à des prix inférieurs à ceux
de certaines terres françaises, ceux qui les
cultivaient sont forcés de les abandonner
et de chercher d'autres moyens d'existence. Ils ne les trouvent pas toujours;
mais ils ne peuvent les rencontrer que
dans les villes, où sont établies des
manufactures. On entend dire, il est
vrai, de divers côtés que la terre manque
de bras : ce sont les propriétaires qui ont
perdu leur rente, et qui ne voient pas la
cause de leur ruine. En fait, l'ouvrier des
champs est réduit au salaire du passé,
et encore on ne lui offre souvent qu'une
occupation temporaire, pour les moments

de grande activité de la culture. A l'époque des moissons, on voit arriver de l'étranger, de Belgique notamment, de longues files d'ouvriers, qui viennent aider à ces travaux et qui montrent, par leur présence même, que la condition des travailleurs n'est pas meilleure dans leur pays que dans le nôtre.

Un autre péril menace encore, atteint déjà cette population agricole : c'est l'application des machines au travail de la terre. L'emploi de la vapeur peut, à la vérité, augmenter les récoltes et en diminuer le prix, au grand profit des consommateurs ; mais il entraîne aussi la réduction du personnel nécessaire. De ce fait, les propriétaires n'ont pas à souffrir ; ils peuvent même en tirer avantage pendant un certain temps ; mais le travail chassé de la terre ne trouve pas facilement à s'employer dans les villes, puisque la production est déjà supérieure aux facultés de la consommation. Dans l'état actuel de la distribution, il ne peut se placer que dans de nouvelles industries, répondant à de nouveaux besoins. De tels changements, favorables peut-être aux générations futures, ne se produiront pas sans de vives souffrances pour la population agricole témoin de l'évolution. De toutes les crises amenées par l'introduction des machines dans la production, celle qui menace, qui atteint l'agriculture est la plus grave, parce qu'elle intéresse une population plus nombreuse. Aussi, tout en considérant comme un progrès l'application des forces naturelles à la culture, on doit se féliciter de ce qu'elle ait lieu très lentement et très graduellement.

La concurrence des machines avec les ouvriers produit habituellement des phénomènes analogues, quoique plus localisés. Toute invention de ce genre favorise la consommation générale en abaissant le prix des objets fabriqués ; mais souvent les ouvriers producteurs en sont victimes, soit parce que la consommation n'est pas susceptible de s'étendre, ce qui est rare, soit parce qu'il faut un certain temps pour qu'elle se développe, ce qui est le cas le plus fréquent. Mais toujours il y a déplacement de travail, et par conséquent gêne ou souffrance pour les travailleurs. Aussi s'explique-t-on le mécontentement des ouvriers à l'apparition des machines nouvelles. Le débardeur qui voit disparaître son gagne-pain par l'installation d'une grue à vapeur ne considère plus que la même force appliquée de mille manières a rendu sa vie moins pénible; que, grâce à la vapeur, il a pu, avec son maigre salaire, avoir du linge et des vêtements confortables. Il n'est que trop fondé à se plaindre, car ces avantages n'existent pour lui qu'à la condition de trouver une occupation nouvelle. S'il n'y réussit pas, il sera plus malheureux sur le sol de la France que le sauvage dans le désert, et, en fait, il sera parfois obligé de s'expatrier. C'est le progrès des machines qui de temps à autre chasse de l'Europe ces bandes d'émigrants, que l'on voit tristement défiler dans nos ports d'embarquement. L'aspect de leur misère, conséquence d'une découverte qui enrichit le patrimoine commun des hommes, montre que la solidarité humaine est encore un vain mot. Il est juste de dire que la France contribue peu à ces tristes exodes, propres à faire réfléchir ceux que préoccupe le mouvement de la population.

On a vu que ce qui favorise le peuplement, c'est la demande de travail jointe au pouvoir d'achat, ou, en un mot, le débouché de notre production. Si l'on trouve notre population insuffisante, ce débouché doit être recherché pour l'accroître ; si l'on juge qu'il existe un juste rapport entre la population et le territoire, il doit être recherché pour améliorer la condition des peuples. Or, les anciens marchés du monde nous deviennent de plus en plus difficiles, par l'effet de la concurrence des nations voisines : de là est né le besoin de colonies, et de là découle aussi la définition des colonies modernes. Il ne s'agit plus, comme autrefois, d'essaimer dans des contrées nouvelles, ou d'occuper des sites privilégiés de la nature : chaque race ne peut prospérer que dans un climat particulier, dans une zone étroite de la terre, et les contrées qui nous conviennent sont occupées. Mais l'ancienne conception des colonies a fait place à l'idée nouvelle et féconde des protectorats. Il s'agit bien moins d'émigrer que d'englober dans la sphère de notre activité et de nos échanges des peuples jeunes, chez lesquels la division du travail entre l'agriculture et l'industrie offre un rapport inverse de ce qu'elle est chez nous, et qui soient, par cela même, une clientèle pour notre industrie, en même temps qu'une réserve pour notre alimentation. Nous avons tout intérêt à ce que ces pays se développent et prospèrent sous l'égide d'une administration éclairée. Il n'est plus question, comme un ridicule orgueil en avait inspiré la pensée, de poursuivre une assimilation impossible entre des races différentes. Chaque peuple progresse avec son génie particulier. La nature, qui a su mettre une variété infinie entre les individus, n'a point destiné les sociétés humaines à fournir une civilisation uniforme ; chacune a ses instincts et ses aptitudes propres, des habitudes et des besoins conformes à son climat. Et nous qui recherchons la clientèle des races lointaines, et qui prétendons les diriger, nous devons apprendre à les connaître et plier notre industrie à leurs besoins.

C'est là toute la politique coloniale moderne ; c'est le secret d'atteindre dans le vieux monde une densité de population supérieure à ce qu'il peut nourrir, aussi longtemps que le nouveau présentera une lacune compensatrice.

On a dit que les lois successorales de la Révolution française étaient cause du ralentissement de la population ; et les hommes qui considèrent ce fait comme une calamité ont proposé de les changer, les uns en revenant au droit d'aînesse et à la liberté de tester, d'autres en faisant, au contraire, un pas de plus dans la division des héritages, d'autres encore en favorisant les nombreuses familles par l'assiette des impôts. C'est un fait d'expérience que la diffusion de la richesse amène la prévoyance, par laquelle les ménages limitent volontairement leur descendance. Il n'est pas moins certain que l'aisance et la médiocrité contribuent à la moralité générale et au respect des lois. La lutte contre les difficultés de la vie matérielle produit les révoltés qui forment l'armée du vice et du crime, et les déshérités n'ont que trop de tendance à se multiplier.

Aussi longtemps que l'héritage sera la véritable source de l'aisance et de la richesse, on verra cette prévoyance prévaloir dans les classes moyennes et élevées de la société. Les mesures fiscales qu'on pourra imaginer pour la combattre seront de bien peu d'effet, et quand la douceur que la Providence a voulu mettre dans les liens de famille, quand l'instinct maternel est impuissant, les finesses du législateur ne prévaudront pas. Mais que par une conception nouvelle des droits de chacun dans la production le travail vienne à obtenir généralement une part plus équitable, alors le pouvoir relatif de l'héritage et du capital dans la formation des fortunes sera diminué ; le travail et, par suite le nombre, acquerront l'avantage, les grandes familles seront les privilégiées. Tel est le lien qui rattache le problème de la population aux phénomènes de la répartition.

Au point de vue de la sécurité nationale, on peut regretter que la population de la France ne soit pas plus nombreuse, et croisse moins vite que celle des nations rivales ; mais il est puéril d'espérer que cette considération puisse déterminer à remplir les devoirs de la maternité les femmes qui s'en effrayent; celles qui hésitent à donner la vie n'y seront pas amenées par la pensée que la guerre en serait le but. La sagesse nous conseille donc d'accepter notre infériorité numérique comme définitive, et de chercher une sauvegarde moins précaire que des encouragements à la génération. La politique contemporaine l'a déjà trouvée dans un nouvel équilibre européen. De bons esprits d'ailleurs pensent que, dans le cas d'un conflit mettant aux prises des nations armées, le nombre aurait moins de pouvoir que la valeur et la bonne direction : or, au delà d'une certaine limite, les armées cessent d'être dirigeables.

Pour apprécier complètement le ralentissement de la population, il est nécessaire de tenir compte de ce que la France doit à l'immigration des peuples voisins. Tandis que deux cent mille Français seulement vivent au dehors, onze cent mille étrangers environ habitent notre pays, dont cinq cent mille Belges, trois cent mille Italiens et quatre-vingt mille Allemands. La plupart de ces immigrés appartiennent à la population ouvrière. Parfois ils ne passent en France qu'un certain nombre d'années, et retournent chez eux, en emportant le fruit de leur économie ; mais souvent ils se fixent définitivement sur notre sol, et fournissent à notre race le croisement d'éléments sains et vigoureux. Naguère ils pouvaient être tentés de conserver leur allégeance étrangère ; mais la loi française de 1889 sur la nationalité les oblige à reconnaître à la seconde génération leur patrie d'adoption.

L'immigration apporte aussi un élément important à nos colonies, à l'Algérie surtout, dans laquelle on compte un Espagnol pour deux Français. Sans doute, il serait plus flatteur pour l'amour-propre national que cette belle possession ne dût sa prospérité et son développement qu'à des Français ; mais c'est une circonstance très favorable qu'une race voisine de nous par l'origine et les aptitudes, et de l'Algérie par le climat, lui apporte un appoint aussi considérable.

Pour apprécier l'importance relative dans le monde et l'avenir de la race qui habite entre les deux mers, les Vosges et les Pyrénées, il n'y a pas seulement à considérer le nombre des individus et leurs moyens d'existence ; il faut encore se préoccuper de leur vigueur physique et de leur niveau moral. En ce qui concerne la première, l'examen des statistiques est fait pour inspirer des appréhensions. Depuis que l'opinion publique s'est égarée à la poursuite d'une natalité qui nous échappe, on fait de grands efforts pour diminuer la mortalité, surtout dans le premier âge où elle est très élevée. Or, si l'on parvient ainsi à conserver de précieuses existences, il est trop vrai qu'on y ajoute aussi des enfants que Rome ou Sparte eussent rejetés, des êtres nés avec des tares héréditaires, qui, s'ils parviennent à l'âge d'homme, propagent les maladies endémiques dont nous sommes rongés. Depuis une trentaine d'années, c'est-à-dire depuis que la population tend, en apparence, à devenir stationnaire, le nombre des infirmes et incurables, non compris les aliénés, s'est accru dans la proportion de trente-sept pour cent, passant de quarante-huit mille à soixante-six mille. Celui des idiots

et crétins a exactement doublé (de quatre mille cinq cents à neuf mille) et
celui des fous s'est accru de quarante
pour cent, représentant aujourd'hui,
dans les établissements spéciaux, une
population de cinquante-cinq mille individus. Enfin le nombre des suicides
est passé de cinq mille à neuf mille par
année.

Il ne paraît pas impossible qu'une
législation appropriée puisse faire re-
culer ces fléaux récents, dont les causes
n'ont rien de mystérieux. La consommation de l'alcool, qui depuis trente ans
a augmenté de quatre-vingts pour cent,
est au premier rang. C'est à lui que
l'on doit une grande partie des fous et
les idiots ou crétins. La folie et le sui-
cide ont encore des pourvoyeurs dans
le désir immodéré de la fortune et la

fièvre de spéculation qu'engendre le vice de la répartition. L'ambition malsaine deviendra plus rare lorsque, par le progrès des mœurs, la richesse ou l'aisance sera le fruit naturel du travail.

FIN

Table des Matières

Paris. — Société française d'Imprimerie et de Librairie.

www.ingramcontent.com/pod-product-compliance
Ingram Content Group UK Ltd.
Pitfield, Milton Keynes, MK11 3LW, UK
UKHW021219140726
13695UKWH00002B/635